"Hace muchos años en Corea, creí haber peleando por una causa justa. Cuando la realidad sacudió mis presunciones reaccioné con coraje. Mi honorabilidad sufrió un duro golpe. Después conocí a otros ex militares que me ayudaron a entender que mientras mis intenciones eran buenas, las políticas que me pidieron que apoyara no lo eran. Nos unimos con el propósito de utilizar nuestra experiencia para ayudar a evitar guerras en el futuro a través de la educación. Una de nuestras herramientas más efectivas es *Adicto a la Guerra*".

Wilson (Woody) Powell*
Director Ejecutivo de Veteranos por la Paz

"EEUU, con el 4.5% de la población mundial, saquea con arrogancia los recursos y las culturas del mundo para sostener su forma de vida. *Adicto a la Guerra* ilustra por qué EEUU necesariamente depende de la guerra para alimentar sus vergonzosos patrones de consumo".

S. Brian Willson*
Veterano de la Guerra de Vietnam, activista antiguerra

"He llegado a la conclusión de que si no cambiamos de un sistema de valores basado en el amor al dinero y al poder, a uno basado en el amor a la compasión y a la generosidad, nos extinguiremos este siglo. Necesitamos una buena sacudida para despertar a la humanidad. *Adicto a la Guerra* es tal sacudida".

Patch Adams, Doctor en Medicina
Fundador del Instituto Gesundheit,
opositor por conciencia en la era de la Guerra de Vietnam

"Esta es la caricatura más importante que se ha escrito. Para ser un verdadero patriota (en el sentido revolucionario estadounidense) se requiere un entendimiento de la crueldad de la política exterior de EEUU. Lea este libro y hágalo circular entre el mayor número de gente posible."

Woody Harrelson
Actor

Puede que la guerra sea "El Bienestar del Estado", tal como lo advirtiera Randolph Bourne cuando una población pacífica fue impulsada hacia la Primera Guerra Mundial con propaganda histérica, pero es la maldición de la gente -- tanto de los atacantes como de las víctimas. Sin reservas y con una claridad ácida, estas imágenes del mundo real nos dicen, de manera brillante, el porqué y cómo debemos sacudirnos esa maldición cuanto antes o, de otro modo, descenderemos a la barbarie y a la destrucción.

Noam Chomsky
Autor y Profesor de Filosofía y Letras del MIT
(Instituto de Tecnología en Massachussettes).

*Prestó sus servicios en las fuerzas armadas de los EEUU

ADICTO A LA GUERRA
Por qué EEUU no puede librarse del militarismo

por
Joel Andreas

La traducción al español de este libro fue lograda gracias a la invaluable colaboración de:

Marino Aragón

Veronica Aragón

Emilia Arau

Karen Brandow

Ana Lilia Cortés

Emily Gamboa

Magda Graybill

Chavela Muñoz-Rivas

Filiberto Urias

Sandra del Pilar Urias

Edward Velez

Tercera edición, derechos de reproducción 2004 de Joel Andreas.

Primera edición en español 2005. Derechos de reproducción de Joel Andreas. Todos los derechos reservados. Impreso en Canadá.

ISBN: 1 904859 02 X

9781904859024

Las solicitudes para la reimpresión total o parcial de *Adicto a la Guerra* deberán dirigirse a:

Frank Dorrel

P.O. Box 3261

Culver City, CA 90231-3261

(310) 838-8131

fdorrel@addictedtowar.com

www.addictedtowar.com

AK Press

674-A 23rd Street

Oakland, CA 94612-1163

(510) 208-1700

akpress@akpress.org

www.akpress.org

Para solicitar copias adicionales:

Para solicitar copias adicionales de *Adicto a la Guerra*, comuníquese con Frank Dorrel o con AK Press. **¡Por favor, pregunte sobre los costos de ventas al mayoreo!** *Adicto a la Guerra* también está disponible a través de su librería local y a través de vendedores de libros por internet. Para recibir un catálogo de AK Press, por favor escriba o visite el sitio de internet de AK Press.

Para solicitar *Adicto a la Guerra* en otros idiomas:

Adicto a la Guerra está ahora también disponible en inglés, japonés, coreano, tailandés, danés, alemán y pronto lo estará en otros idiomas. Para obtener copias de *Adicto a la Guerra* en estos idiomas, visite www.addictedtowar.com.

Acerca del autor: JOEL ANDREAS empezó su carrera como activista político cuando, junto a sus padres, atendía manifestaciones en contra de la Guerra de Vietnam mientras cursaba la primaria en Detroit, Michigan. Desde entonces continúa su lucha por promover la igualdad racial y los derechos de los trabajadores dentro de EEUU y para poner un alto a las intervenciones militares estadounidenses en el extranjero. Después de trabajar como ensamblador de automóviles, impresor y dibujante en el área de ingeniería civil, terminó su doctorado en sociología, especializándose en el período después de la Revolución China de 1949.

Joel cursó sus estudios en la Universidad de California en Los Ángeles y ahora es profesor en la Universidad Johns Hopkins en Baltimore, Maryland. *Adicto a la Guerra* es su tercera exposición ilustrada. Mientras cursaba la preparatoria en Berkeley, California, escribió e ilustró *The Incredible Rocky* (El Increíble Rocky), una biografía no autorizada de la familia Rockefeller de la que se vendieron casi 100,000 copias. También escribió otro libro ilustrado llamado *Made with Pure Rocky Mountain Scab Labor* (Hecho por Obreros que Suplantan a los Huelguistas en las Montañas Rocallosas) para apoyar una huelga de los trabajadores de la compañía Coors.

ÍNDICE

Las fuentes de información se citan a partir de la
página 73 y se hace referencia a ellas a lo largo del
libro por medio de números dentro de círculos.
Las frases "entre comillas" son citas reales.

Prefacio del Autor a la Edición del 2004

Escribí la primera edición de *Adicto a la Guerra* después de la guerra de EEUU contra Irak en 1991. El pueblo estadounidense había sido desviado de la verdad sobre la guerra. Mi objetivo fue presentar información que es difícil de encontrar en los medios de comunicación dominantes (que ya habían sido reducidos a ser animadores para la guerra). También quería explicar la extraordinaria predilección que este país tiene por ir a la guerra. Diez años después, los acontecimientos me forzaron a actualizar el libro. Los ataques terroristas del 11 de septiembre le presentaron a George W. Bush una oportunidad para declarar la "Guerra Contra el Terrorismo", que en realidad ha resultado ser una interminable compulsión por hacer la guerra. La segunda edición fue publicada a principios del 2002 después de la invasión de EEUU a Afganistán. La administración Bush empezó entonces a prepararse para una nueva guerra contra Irak. El barniz fino y retórico sobre el combate contra el terrorismo y la proliferación de las armas de destrucción masiva apenas ocultó las metas principales de la guerra: imponer el régimen de un nuevo cliente de los EEUU en el Medio Oriente y asegurar el control sobre el país que tiene la segunda reserva de petróleo más grande del mundo. Mientras se publica la presente edición, EEUU tiene en ocupación a Afganistán e Irak. Con el propósito de reducir la resistencia armada, los servicios militares estadounidenses están tomando medidas punitivas y drásticas para castigar a la población civil de estos dos países, con lo que alimenta una espiral de violencia con consecuencias alrededor del mundo y que nos ponen a todos en más peligro. Este libro abarca más de dos siglos de guerras de los EEUU en el extranjero, comenzando con las guerras en contra de los indígenas. Durante este tiempo, la maquinaria de guerra fue creciendo como un monstruo hasta dominar nuestra economía y sociedad y extendiéndose alrededor del mundo. Aunque la administración de Bush es particularmente belicosa, esta adicción a la guerra comenzó mucho antes de que Bush llegara al poder e indudablemente sobrevivirá despúes de que él se vaya.

Los costos de la creciente adicción estadounidense a la guerra ahora se sienten más agudamente en EEUU. Los soldados y sus familias pagan el precio más alto, pero todos nos vemos afectados. Los disparados gastos militares contribuyen a crear un enorme déficit gubernamental que causa recortes drásticos en programas domésticos, entre ellos los de educación, salud, vivienda, transporte público y protección del medio ambiente. Al mismo tiempo, la "Guerra Contra el Terrorismo" es usada como excusa para aumentar la vigilancia por parte de la policía, con lo que disminuyen nuestras libertades civiles. Es mi deseo que este libro lleve a todos a reflexionar y a debatir sobre el militarismo y que inspire una acción creativa para cambiar nuestra dirección. Muchas personas han contribuido a la creación de este libro. Es imposible agradecer aquí a todos ellos. Más bien, sólo mencionaré a tres: a mi madre, Carol Andreas, quien me inició en las actividades en contra de la guerra; a mi padre, Carl Andreas, quien inicialmente me animó a escribir este libro y a Frank Dorrel, cuya promoción incansable hizo que esta nueva edición fuera tanto posible como irresistible.

Joel Andreas, mayo de 2004

Nota del Publicista

Fue hace tres años que leí la edición original de *Adicto a la Guerra* publicada en 1992. Localicé al autor, Joel Andreas y lo convencí para que actualizara el libro. En el 2002 publiqué una nueva edición con la ayuda de AK Press. La reacción ha sido tremenda y desde entonces se han distribuido más de 100,000 copias en los EEUU.

Muchos maestros de escuelas preparatorias y universidades utilizan *Adicto a la Guerra* como libro de texto. Múltiples organizaciones que trabajan por la paz venden el libro en mítines en contra de la guerra, en seminarios y eventos más pequeños. Lo usan más frecuentemente en escuelas, iglesias y bibliotecas públicas. Cada vez más librerías expenden el libro, entre ellas tiendas independientes y progresistas, cadenas nacionales y tiendas de historietas. Muchas personas piden múltiples copias para compartirlas con sus amigos, compañeros de trabajo y familiares. ¡He recibido miles de llamadas, mensajes por correo electrónico y cartas en las que la gente me dice cuánto le gusta este libro!

Se han vendido más de 70,000 copias de la edición japonesa de *Adicto a la Guerra* y las traducciones al coreano, alemán, español, danés y tailandés ya han sido publicadas o están en proceso de serlo. También hay planes de hacer un video documental con dibujos animados basado en el libro. Todas estas versiones ayudarán a difundir el mensaje antiguerra de este libro a un mayor número de personas en todas partes del mundo.

Quiero agradecer a Joel Andreas por habernos dado una poderosa herramienta educativa que revela la verdad triste y penosa sobre el militarismo de los EEUU. Gracias a Yumi Kikuchi por su apoyo y por haber hecho posible la edición japonesa de *Adicto a la Guerra*. Es un honor para nosotros que algunos de los educadores pacifistas y activistas más valientes de los EEUU hayan respaldado el libro. Agradezco especialmente a mis amigos, a mi familia y a S. Brian Willson por haber apoyado el proyecto desde el principio.

Por último, agradezco a usted, lector, por su preocupación sobre los temas abarcados en este libro. Quiero animarle a utilizarlo para lograr que se produzca un cambio en la conciencia de este país. Por favor, considere llevar una copia a un maestro que lo pueda utilizar en su clase. Lleve una copia a su iglesia, su sinagoga o su mezquita. Mande una copia a su congresista, a un miembro del ayuntamiento o a alguien que trabaje en los medios de comunicación. Muéstrelo a sus amigos y familiares. La educación es clave. Cada uno de nosotros tiene que aportar su parte. La gente alrededor del mundo cuenta con nosotros para poner fin a la adicción a la guerra de nuestro país.

Frank Dorrel, mayo de 2004

Nuestra historia comienza un viernes por la tarde.

¡Caray! ¡Mira todo el **dinero** que el gobierno me quitó de mi **sueldo**!

Mamá, quieren que ayudes en la **venta de pasteles** para que la escuela pueda comprar **papel higiénico**.

¡Primero no hay libros y ahora no hay **papel higiénico**! ¿No tienen nada en tu escuela?

Durante la siguiente reunión del consejo directivo de la escuela:

Lo siento, la base de impuestos locales está disminuyendo y recibimos muy poca ayuda del Gobierno Federal. ¡Simplemente no hay dinero!

¿Qué hacen con todos los impuestos que pago?

Una gran parte del dinero que el **IRS** (el servicio de recaudación de impuestos de EEUU) saca de nuestros sueldos es destinado a apoyar a los servicios militares. Los **gastos militares** constituyen **más de la mitad** de los gastos discrecionales anuales del gobierno federal.

Presupuesto Discrecional Federal
Año fiscal 2004

Incluyendo gastos para la educación, 7%

Gastos militares, 51%

Todo lo demás, 49%

①

¡Ahora entiendo por qué no hay papel higiénico!

Estados Unidos mantiene el **ejército más grande** y **más poderoso** de toda la **historia**. Sus barcos de guerra dominan los mares, sus misiles y sus bombarderos pueden atacar objetivos en todos los continentes y cientos de miles de tropas de los EEUU están estacionadas en el extranjero. Cada cierto número de años EEUU envía soldados, barcos y aviones de guerra a **pelear en países lejanos**. Muchos países tienen guerras, pero EEUU es único tanto en su **tamaño** como en el poder de sus fuerzas militares y en su **propensión a utilizarlas**.

Los **costos** de ser una **superpotencia militar** y de **hacer la guerra** en diferentes partes del mundo **son altos**. Miles de millones de dólares son canalizados al Pentágono cada año y como consecuencia el gobierno escatima el suministro de **necesidades básicas** del pueblo estadounidense. Los **recortes en programas sociales** han causado mucha **más devastación** en EEUU que cualquier **ejército extranjero**.

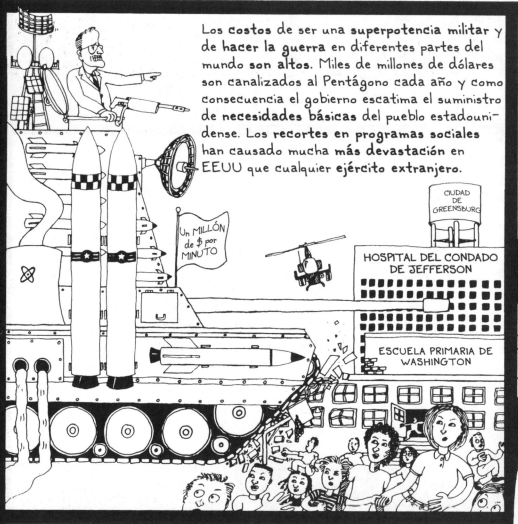

Un MILLÓN de $ por MINUTO

CIUDAD DE GREENSBURG

HOSPITAL DEL CONDADO DE JEFFERSON

ESCUELA PRIMARIA DE WASHINGTON

Las guerras en el extranjero también provocan **sangrientas represalias** contra los EEUU, por ejemplo los **ataques terroristas** que les quitaron la vida a miles de personas en el Pentágono y en las **torres gemelas de Nueva York**.

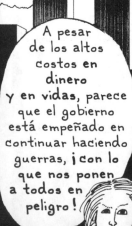

A pesar de los altos costos en dinero y en vidas, parece que el gobierno está empeñado en continuar haciendo guerras, ¡con lo que nos ponen a todos en peligro!

Pero los costos de las guerras de los EEUU en el extranjero son más que simplemente económicos. Incluyen **las vidas de los soldados** que nunca vuelven a casa.

¿Pero por qué EEUU siempre se involucra en guerras?

¡Muy buena pregunta!

Hace dos siglos, EEUU era un grupo de **trece colonias pequeñas** en la costa Atlántica de América del Norte. Hoy **domina al mundo** de una manera que aún los imperios más poderosos del pasado no hubieran podido imaginarse.

El camino hacia el poder global **no ha sido pacífico.**

Tendré que informarme sobre esto.

Capítulo 1:
"El Destino Manifiesto"

Los revolucionarios estadounidenses, quienes se levantaron contra el **Rey Jorge** en 1776, hablaron con elocuencia sobre el **derecho de cada nación de determinar su propio destino.**

"Cuando en el transcurso de los acontecimientos humanos se hace necesario que un pueblo **disuelva los nexos políticos** que los han conectado a otro y asuma, entre los **Poderes de la tierra,** la posición individual y de igualdad que **les ha sido conferida** por las Leyes de la Naturaleza y por el Dios de la Naturaleza..."

Thomas Jefferson, en la _Declaración de la Independencia_ de 1776

¡Desgraciadamente, después de haber ganado el derecho de **determinar su propio destino,** pensaron que también deberían **determinar el de todos los demás!**

Los dirigentes de las **colonias recién independizadas** creyeron que fueron **predestinados** a gobernar toda América del Norte. Fue tan evidente para ellos que lo llamaron "el Destino Manifiesto"

"Debemos marchar de **océano a océano....** Es el destino de la **raza blanca**".

El representante Giles de Maryland

②

Este "destino manifiesto" pronto resultó en guerras de genocidio contra los **pueblos de indígenas americanos.** El ejército de EEUU **confiscó** su tierra sin piedad, por lo que los empujó hacia el occidente y masacró a los que se resistieron.

Durante el siglo que siguió a la revolución estadounidense, derrotaron uno por uno a los pueblos indígenas, tomaron sus tierras y los confinaron a **reservas.** Nunca contaron el número de muertos. Pero la tragedia no terminó con los muertos. Aniquilaron el **estilo de vida de los pueblos indígenas.**

③

"Aún puedo ver a las mujeres y niños masacrados, tendidos, apilados y esparcidos a lo largo del retorcido peñasco, tan claramente como cuando los vi con ojos jóvenes. Y veo que algo más murió ahí, en ese fango ensangrentado, enterrado por la tormenta de nieve. Ahí murió el sueño de un pueblo. Era un sueño maravilloso... el aro de nuestra nación está roto y disperso."

④

"Black Elk" (Uapiti Negro), líder espiritual del pueblo Lakota y sobreviviente de la masacre de "Wounded Knee" en Dakota del Sur.

Para el año 1848, Estados Unidos había confiscado casi la mitad del territorio de México.

California · Nevada · Wyoming · EEUU · Utah · Colorado · Kansas · Arizona · New Mexico · Oklahoma · Territorio Confiscado de México · Texas

México

En el Congreso se justificó la guerra contra México con discursos sobre la gloria de extender la "democracia anglosajona", pero en verdad fue la ambición por tener más terrenos de parte de los dueños de esclavos en el sur y el atractivo del oro del occidente que inspiraron estos discursos.

⑤

El General Zachary Taylor ordenó la ejecución de docenas de soldados de los EEUU por negarse a pelear en México.

Después de que su dominio abarcara de **costa a costa**, los defensores del "Destino Manifiesto" empezaron a soñar con un **imperio en el extranjero**. Factores económicos guiaron estas ambiciones. El Coronel Charles Denby, un magnate de los ferrocarriles y un ardiente **expansionista**, argumentó: (6)

"Nuestra situación en el país nos **obliga** a la expansión comercial...Día tras día la **producción excede** al consumo interno...Estamos buscando mercados, los **mercados más grandes** del mundo".

Los llamamientos para formar un imperio resonaban por los pasillos de Washington.

"Creo firmemente que cuando cualquier territorio fuera de los **límites actuales** del territorio de los Estados Unidos se hace necesario para nuestra defensa o esencial para nuestro desarrollo comercial, **no debemos perder tiempo en adquirirlo**".

El Senador Orville Platt de Connecticut, 1894.

(7)

Para poder convertirse en una potencia mundial, EEUU construyó una **armada poderosa**. El siempre dispuesto Theodore Roosevelt fue puesto a cargo de esta tarea. (8)

"Debo **dar la bienvenida a** cualquier guerra pues creo que este país **necesita una**."

T. Roosevelt, 1897

No tuvo que esperar **mucho tiempo**.

Al siguiente año, atraído por varias colonias españolas, entre ellas **Cuba y las Filipinas**, EEUU declaró la guerra a España. Los **ejércitos rebeldes** ya estaban luchando por la **independencia** en ambos países con España a punto de la derrota. Washington declaró estar del lado de los rebeldes y España rápidamente se dio por vencida. Sin embargo, pronto estuvo claro que EEUU **no tenía la menor intención de salirse**. (9)

"Las Filipinas son **nuestras para siempre**...y un poco más allá de las Filipinas están los mercados ilimitados de China... el Pacífico es **nuestro océano**"

El senador de Indiana **Albert Beveridge** en 1900.

Y para el senador, el Pacífico fue **solamente el comienzo**.

"El poder que gobierne al Pacífico es el poder que **gobernará al mundo**...Ese poder es y siempre será la República Estadounidense".

(10)

Se elaboraron minuciosas **teorías racistas** para justificar el **colonialismo** y Washington adoptó estas teorías con entusiasmo. ⑪

"Somos la **raza que gobierna al mundo**. ...No renunciaremos a nuestra misión como **raza escogida por Dios** para civilizar al mundo...Él nos ha hecho **expertos en gobernar** para que podamos administrar el gobierno de los **pueblos salvajes y seniles**".

El senador Albert Beveridge, de nuevo.

Sin embargo, los filipinos no compartieron los puntos de vista del senador Beveridge y sus amigos.

Lucharon contra los nuevos invasores como lo hicieron contra los españoles. EEUU sometió a las Filipinas con una fuerza brutal. A los soldados de los EEUU se les ordenó "**quemar todo y matar a todos**" y lo cumplieron. Para cuando derrotaron a los filipinos, **600,000** habían muerto. ⑫

Soldados de los EEUU parados sobre los huesos de los filipinos que murieron en la guerra.

Las Filipinas, Puerto Rico y Guam fueron convertidas en **colonias de los EEUU** en 1898. Se le concedió oficialmente la independencia a Cuba, pero junto con ésta se les dio a los cubanos la Enmienda Platt, que estipuló que la **armada de los EEUU** siempre podría operar una base en Cuba, que los "Marines"* podrían intervenir cuando **quisieran** y que Washington determinaría las políticas extranjeras y financieras de Cuba. ⑬

Ahora, no digan que nunca les di nada.

Independencia

Enmienda Platt

*Los "Marines" son una sección de la armada de EEUU que fue creada específicamente para encabezar invasiones a otros países.

Durante el mismo período, EEUU **derrocó a la Reina Liliuokalani de Hawai** y transformó esas islas del Pacífico, que hasta entonces mantenían su belleza natural, en una **base de la Armada** de los EEUU rodeada por plantaciones de las empresas Dole y Del Monte. En el año 1903, después de que Theodore Roosevelt asumió la presidencia, mandó **barcos cañoneros** para asegurar que **Panamá** se separara de Colombia. El gobierno colombiano había rechazado las condiciones de Roosevelt sobre la construcción de **un canal**. (14)

¡Si no me lo venden, simplemente lo tomaré!

Luego el Tío Sam* empezó a mandar a sus "Marines" a **todas partes**.

* El "Tío Sam" representa a los EEUU.

Los "Marines" fueron a China, a Rusia, al Norte de África, a México, a América Central y al Caribe. (15)

Desde las 🎵 salas de Moctezuma hasta las costas 🎵 de Trípoli...

Tropas marchan en Siberia durante la invasión de los EEUU a Rusia en 1918.

¡Entre 1898 y 1934, los "Marines" invadieron Cuba 4 veces, Nicaragua 5 veces, Honduras 7 veces, la República Dominicana 4 veces, Haití 2 veces, Guatemala una vez, Panamá 2 veces, México 3 veces y Colombia 4 veces! (16)

En muchos países, los "Marines" se quedaron como un **ejército de ocupación**, a veces durante décadas. Cuando por fin los "Marines" volvían a los EEUU, generalmente dejaban el país en cuestión en manos de un **dictador "amigo"** de los EEUU, armado hasta los dientes para reprimir a su propia gente.

Detrás de los "Marines" llegaron **legiones de ejecutivos de negocios de los EEUU** dispuestos no sólo a vender sus productos sino también a establecer **plantaciones**, a perforar en busca de **petróleo** y a reclamar **minas**. Los "Marines" volvían cuando eran requeridos para mantener **condiciones de esclavitud** y para aplastar **huelgas, protestas y rebeliones.**

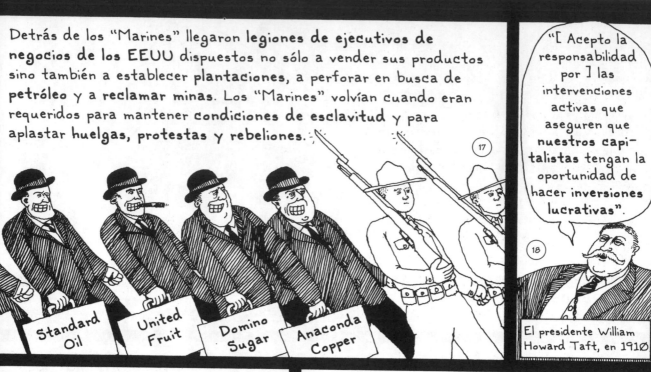

Standard Oil

United Fruit

Domino Sugar

Anaconda Copper

"[Acepto la responsabilidad por] las intervenciones activas que aseguren que **nuestros capitalistas** tengan la oportunidad de hacer **inversiones lucrativas**".

El presidente William Howard Taft, en 1910

Un periodista describió lo que sucedió después de que las tropas de los EEUU llegaron a Haití en 1915 para aplastar una **rebelión campesina:**

Desde sus aviones los "Marines" americanos abrieron fuego con ametralladoras sobre las indefensas aldeas haitianas matando por diversión a hombres, mujeres y niños en los mercados públicos.

Mataron a 50,000 haitianos.

El General **Smedley Butler** fue uno de los dirigentes más celebrados de estas expediciones de los "Marines". Después de jubilarse, reconsideró su carrera y la describió de la siguiente manera:

"Pasé 33 años y 4 meses en el servicio militar activo... Y durante ese período viví la mayor parte del tiempo como un **hombre poderoso de clase alta** que tomaba **decisiones arbitrarias** a favor de potencias empresariales, de "Wall Street" y de los banqueros. En pocas palabras, fui un **mafioso**, un **gángster del capitalismo**".

"Así, ayudé a hacer de México y especialmente de **Tampico** lugares seguros para los **intereses petroleros de los EEUU** en 1914. Ayudé a hacer de Haití y Cuba lugares decentes para los muchachos del Banco "National City", donde podrían recaudar ingresos. Ayudé a **saquear** a una media docena de **repúblicas de América Central** en beneficio de 'Wall Street'".

"Ayudé a 'purificar' a Nicaragua para el banco internacional de los Hermanos Brown de 1902 a 1912. Llevé luz a la República Dominicana para los intereses azucareros de los EEUU en 1916. Ayudé a hacer de Honduras un lugar adecuado para las empresas estadounidenses de fruta en 1903. En China, en 1927, ayudé a asegurar que la empresa Standard Oil siguiera con sus planes sin problemas".

Un oficial de los "Marines" de los EEUU con la cabeza de Silvino Herrera, uno de los dirigentes del ejército rebelde de Augusto Sandino, Nicaragua, 1930.

La Primera Guerra Mundial fue una batalla horrenda entre los poderes coloniales de Europa sobre cómo iban a dividir el mundo. Cuando el presidente Woodrow Wilson decidió entrar a la guerra, le dijo al pueblo estadounidense que mandaría tropas a Europa para "hacer el mundo seguro para la democracia".

Pero lo que Wilson real-mente quería era la parte del botín que él creía que por justicia le correspondía a EEUU.

The Chicago Daily Tribune. FINAL EDITION

EEUU EN GUERRA: WILSON

SUBMARINOS HUNDEN AL BARCO CAÑONERO "AZTECA"

ADVERTENCIAS A ALEMANIA

AMBAS CÁMARAS ACELERAN EL DESARROLLO DEL PROGRAMA

"TENEMOS QUE LUCHAR POR LA JUSTICIA Y LOS DERECHOS"

El embajador de Wilson en Inglaterra dijo francamente que EEUU le declararía la guerra a Alemania porque era...

(22)

"...la única manera de mantener nuestra condición actual de comercio preeminente".

El Embajador W. H. Page, 1917

Para esto, enviaron a la muerte a 130,274 soldados de los EEUU. (23)

"Enviaron a nuestros muchachos a la muerte tras pintar bellos ideales frente a ellos. Nadie les dijo que los dólares y los centavos eran el motivo verdadero por el cual partían a matar y a morir".

El General Smedley Butler, 1934

Supuestamente, la Primera Guerra Mundial iba a ser la "guerra para poner fin a todas las guerras".

No fue así.

Durante la Segunda Guerra Mundial, millones de estadounidenses jóvenes se inscribieron para luchar contra el **fascismo alemán** y el **imperialismo japonés.** Pero las metas de los estrategas en Washington eran mucho menos admirables.

Ellos tenían sus propias ambiciones imperialistas.

En el mes de octubre de 1940, mientras las tropas alemanas y japonesas marchaban sobre Europa y Asia, un grupo de prominentes oficiales gubernamentales, ejecutivos de negocios y banqueros fue convocado por el Departamento de Estado de los EEUU y el Consejo de Relaciones Exteriores para discutir la estrategia de los EEUU. Pretendían mantener una "esfera de influencia" angloamericana que incluyera al Imperio Británico, al Lejano Oriente y al hemisferio occidental. Concluyeron que el país tenía que **prepararse para la guerra** y elaborar...

"...una política integral para lograr la **supremacía militar y económica de los Estados Unidos**".

¡Sí! ¡Sí! ¡Sí!

(24)

Por supuesto, no lo dijeron **públicamente.**

Si se declaran metas de guerra que solamente parecen tener como objetivo el imperialismo angloamericano, éstas ofrecerán poco a la gente en el resto del mundo... Hay que enfatizar los intereses de otros pueblos... Lo cual tendría mayor impacto propagandístico.

(25)

De un memorándum privado entre el Consejo de Relaciones Exteriores y el Departamento de Estado, 1941.

Una guerra horrenda concluyó con un hecho horrendo: **200,000** personas murieron instantáneamente cuando EEUU arrojó **bombas nucleares**, primero sobre **Hiroshima** y luego sobre **Nagasaki**. Decenas de miles de personas más murieron después a causa del envenenamiento por radiación.

(26) (27)

"Oramos para que Dios nos guíe a utilizar [la bomba] según Sus maneras y para Sus propósitos."

El presidente Harry Truman, 1945

La derrota de Japón estaba asegurada desde antes de que arrojaran las bombas. El propósito principal fue **mostrar al mundo el poder mortífero de la nueva arma de destrucción masiva de los EEUU.** (28)

La Segunda Guerra Mundial dejó a los EEUU en una posición de **superioridad política, económica y militar.**

(29)

"Tenemos que marcar el paso y asumir la responsabilidad del **accionista mayoritario** en esta corporación conocida como 'el mundo'".

Leo Welch, ex director de la mesa directiva de Standard Oil de Nueva Jersey (actualmente Exxon), 1946.

EEUU **asumió** con entusiasmo **la responsabilidad** de determinar las políticas económicas y de seleccionar a los gerentes de las que consideraba ser las **empresas subsidiarias** que formarían "la corporación conocida como 'el mundo'".

Sin embargo, esto no convenció a muchas naciones que se consideraban ser países soberanos.

¡FUERA YANQUIS!

¡Vaya, nunca leí nada de eso en este libro!

(libro: EEUU LA TIERRA DE LA LIBERTAD)

Capítulo 2
La "Guerra Fría"
y las Hazañas de la Autoproclamada
"Policía del Mundo"

Adelante - ¡Alégreme el día!

(Policía del Mundo)

Sin embargo, Estados Unidos tuvo que competir con la Unión Soviética que también surgió de la Segunda Guerra Mundial como una **potencia en el mundo**. Durante los siguientes 45 años el mundo estuvo atrapado en una batalla territorial entre las **"dos superpotencias"**. EEUU siempre fue mucho más fuerte que su adversario soviético, pero ambos países mantenían grandes fuerzas militares para defender y extender sus propias **"esferas de influencia"**. La competencia entre estos dos poderes se llamó la **"Guerra Fría"** porque nunca se enfrentaron directamente en una batalla. Pero la "Guerra Fría" fue caracterizada por una abundancia de violencia en otros países. Generalmente, las dos superpotencias se alineaban en **lados opuestos** de cada conflicto.

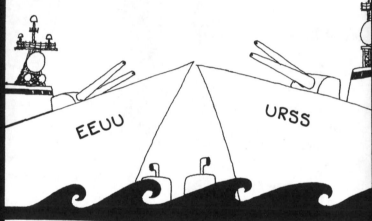

EEUU   URSS

Por su parte, EEUU trató de extender su propia "esfera de influencia" más allá de las Américas y el Pacífico para abarcar gran parte de los **antiguos imperios coloniales británicos, franceses y japoneses** en Asia y en África. Al hacerlo, tuvo que enfrentar las aspiraciones locales que muchas veces no coincidían con los planes estadounidenses. Para someter la insubordinación, el desorden y la deslealtad en su esfera, el nuevo **"accionista mayoritario"** se autonombró **"Policía del Mundo"**. Durante la Guerra Fría, Washington intervino militarmente en países extranjeros más de **200 veces**.

¡No te metas con EEUU, muchacho!

Corea, 1950-1953

Después de la Segunda Guerra Mundial, **revoluciones y guerras anticolonialistas**, desde China hasta Malasia, desbarataron por completo los **ambiciosos planes** del Departamento de Estado de los EEUU para Asia y el Pacífico. Una confrontación mayor surgió en **Corea**. Washington decidió intervenir directamente para mostrar que la **tecnología militar del occidente** podía derrotar a cualquier ejército asiático.

¡Van a ver estos #@%$!

Los barcos de guerra, los bombarderos y la artillería de los EEUU redujeron a **escombros** a una gran parte de Corea. Más de **4,500,000 coreanos murieron**; tres de cada cuatro eran civiles. **54,000 soldados de los EEUU regresaron en ataúdes.** Pero las fuerzas militares de los EEUU, a pesar de su superioridad tecnológica, **no prevalecieron.** Después de 3 años de guerra intensa, se negoció un cese al fuego. Corea todavía se encuentra dividida y hasta la fecha unas 40,000 tropas de los EEUU permanecen en el sur de Corea. (31)

Esperando otra guerra.

República Dominicana, 1965

Después de un **golpe de estado respaldado por los EEUU**, los dominicanos se alzaron en armas para demandar la reinstauración de su presidente derrocado (electo por voto popular). Sin embargo, Washington pretendía mantener a sus hombres en el poder, **sin importarle la decisión electoral de los dominicanos.** EEUU mandó **22,000 tropas** para reprimir el levantamiento. **Ametrallaron a 3,000 personas** en las calles de Santo Domingo. (32)

¡FUERA YANQUIS!

Vietnam, 1964 - 1973

Durante diez años, EEUU atacó a Vietnam con toda la fuerza mortal que el Pentágono pudo reunir, con la intención de preservar un **régimen corrupto en el Sur de Vietnam**, herencia del imperio colonial francés. Probablemente EEUU utilizó **más potencia de fuego** en Indochina (Vietnam, Laos y Camboya) que la que utilizaron **todos los participantes** en **todas las guerras anteriores** en la historia de la humanidad.

A veces es necesario **destruir a** un país para salvarlo.

Los aviones de guerra de los EEUU arrojaron **6,350 millones de kilos de bombas sobre Vietnam.**

Lo cual es equivalente a una bomba de 160 kilos por persona.

A pesar de la ferocidad del ataque, Vietnam derrotó a EEUU con un ejército campesino, **que tenía pocas armas pero mucha determinación.**

33

363,000 kilos de "napalm" llovieron sobre el pequeño país. Utilizaron el **Agente Naranja** y otros herbicidas tóxicos para destruir millones de hectáreas de fincas y bosques. Quemaron las aldeas y masacraron a sus residentes. En total **murieron dos millones de personas** en la guerra en Indochina, la mayoría de ellos civiles, muertos por las bombas y las balas de los EEUU. Murieron casi **60,000 soldados** de los EEUU y **300,000** fueron heridos.

14

Líbano, 1982 - 1983

Después de la invasión israelí del Líbano, los "Marines" de los EEUU intervinieron directamente en la **guerra civil libanesa**, en apoyo a Israel y a la milicia "Falange" de la derecha.

"Marines" de los EEUU entrando a Beirut, 1983

Tras masacrar a 2,000 civiles palestinos.

241 "Marines" pagaron con sus vidas por esta intervención cuando un **camión bomba** voló sus cuarteles.

(34)

Granada, 1983

En Granada, una pequeña isla del Caribe, viven alrededor de 110,000 personas.

Más o menos la misma cantidad que vive en Peoria, Illinois.

Pero, según Ronald Reagan, Granada representó una **amenaza a la seguridad** de los EEUU. Así es que ordenó al Pentágono tomar la isla e instalar un nuevo gobierno que fuera de su mayor **agrado**.

(35)

"Una linda parcela de bienes raíces".

(36)

El Secretario de Estado, George Schultz, 1983

SOY UN HOMBRE DE BECHTEL Y UN AFICIONADO DEL PENTÁGONO.

Libia, 1986

Washington favorecía al **Rey Idris**, el monarca libio que **por casi nada** entregó gustosamente las **reservas petroleras** de su país a "Standard Oil". En cambio, odiaba al **Coronel Qadhafi**, quien expulsó al rey. En 1986, Reagan ordenó que los aviones de guerra de los EEUU bombardearan la capital de Libia, Trípoli, con el argumento de que Qadhafi era el responsable del atentado que mató con una bomba a dos soldados de los EEUU en una discoteca alemana. Es poco probable que muchos de los cientos de libaneses muertos o heridos en el bombardeo aéreo de los EEUU **supieran algo** sobre el bombardeo en Alemania.

¡Qué atrevimiento el de esos terroristas al bombardear a esa pobre gente!

(37)

Hasta el momento hemos relatado guerras en las que han partici- pado las **tropas de los EEUU**.

Pero hay muchas **otras guerras** en las que Washington ha estado involucrado **detrás del escenario**.

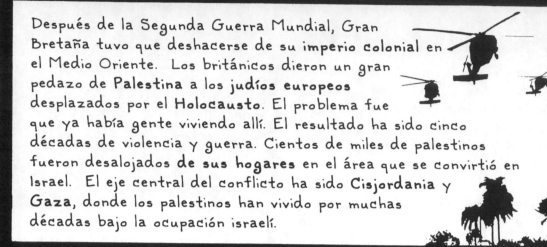

Después de la Segunda Guerra Mundial, Gran Bretaña tuvo que deshacerse de su imperio colonial en el Medio Oriente. Los británicos dieron un gran pedazo de **Palestina** a los **judíos europeos** desplazados por el **Holocausto**. El problema fue que ya había gente viviendo allí. El resultado ha sido cinco décadas de violencia y guerra. Cientos de miles de palestinos fueron desalojados **de sus hogares** en el área que se convirtió en Israel. El eje central del conflicto ha sido **Cisjordania** y **Gaza**, donde los palestinos han vivido por muchas décadas bajo la ocupación israelí.

EEUU provee apoyo político crucial y miles de millones de dólares en ayuda a Israel cada año, que incluye el **armamento más avanzado**. Más de tres décadas de ocupación de Cisjordania y Gaza dan origen a una rabia amarga no solamente hacia Israel sino también hacia los Estados Unidos. Mientras **adolescentes palestinos** mueren en enfrenta- mientos con el **Ejército Israelí**, esta rabia crece.

HECHO EN EEUU

(38)

El gobierno de los EEUU apoya a sus amigos - entre ellos regímenes dictatoriales que reprimen a su propio pueblo. En los años setenta y en los ochenta, insurgencias populares desafiaron a las corruptas dictaduras de América Central. El Pentágono y la CIA (Agencia Central de Inteligen- cia de EEUU) armaron y entrenaron a fuerzas de seguridad y a escuadrones de la muerte que mataron a cientos de miles de personas, la mayoría campesinos sin armas, en Nicaragua, El Salvador y Guatemala.

(39)

No les crean - ¡ eran terroristas **disfrazados de campesinos** !

Muchos de los oficiales militares responsables de las **peores atrocidades** en América Central recibieron entrenamiento en la **"Escuela de las Américas"** en Georgia, una escuela del Pentágono. La Escuela entrena a oficiales de todas partes de América Latina. Sus manuales de capacitación recomiendan la **tortura** y la ejecución masiva. Sus graduados regresan a sus países para establecer regímenes militares que ate- rrorizan a su propia gente.

CIERREN LA ESCUELA DE ASESINOS

NO MAS ENTRE- NAMIENTO EN TORTURA

(40)

FORT BENNING ES UN CAMPO DE CAPACITACION DE TERRORISTAS

(41)

EEUU

EEUU

Hoy EEUU apoya las sangrientas guerras contra insurgentes que continúan en Colombia, México, Perú, las Filipinas y otros países. En Colombia, un ejército corrupto apoyado por EEUU, lucha al lado de fuerzas paramilitares que **han masacrado aldeas enteras** y a cientos de **dirigentes sindicales y políticos** de partidos de oposición. EEUU se involucra cada vez más bajo la excusa de la "Guerra Contra las Drogas", aportando miles de millones de dólares en armas utilizadas para continuar las matanzas.

La CIA y el Pentágono también han organizado **ejércitos delegados** para derrocar a gobiernos que no son bien **aceptados** en Washington. En 1961, por ejemplo, barcos de guerra de los EEUU transportaron a un pequeño ejército de mercenarios a Cuba con la esperanza de revertir la Revolución cubana. Aterrizaron en la Bahía de Cochinos.

Fue la **quinta invasión de Cuba** por parte de los EEUU. Pero esta vez, EEUU fue **derrotado**.

(42)

En los años setenta y ochenta, la **CIA** estuvo particularmente ocupada financiando, capacitando y proveyendo armas a **ejércitos guerrilleros** en todas partes del mundo.

¡Ya verán!

Cubano

PUM

Durante muchos años, los EEUU respaldaron los esfuerzos del gobierno de Portugal para mantener sus **colonias** en el sur de África, ayudándolo a evitar guerras de independencia en Angola y en Mozambique.

En 1975, después de una revolución **democrática** en Portugal, los portugueses se **dieron por vencidos**.

¡Pero Washington no!

De hecho, se unió al **régimen de "apartheid"** en Sudáfrica para abastecer un **ejército mercenario** para luchar contra el nuevo gobierno independiente de Angola. Y en Mozambique, políticos y ex oficiales militares de los EEUU y Sudáfrica patrocinaron a un grupo de mercenarios que fue **especialmente brutal** y masacró decenas de miles de campesinos.

¡Democracia!

¡Libertad!

EEUU

REGIMEN "APARTHEID" DE SUDAFRICA

(43)

Y por supuesto, están los "Contras".

Después de que en 1979 el **pueblo nicaragüense** derrocara a la dictadura de la familia Somoza, la cual era respaldada por los EEUU, la CIA reunió a los militares restantes de la odiada Guardia Nacional de Somoza y los mandó de regreso a Nicaragua con todas las armas que podían cargar para saquear, incendiar y matar.

"[Los Contras son] el equivalente moral de nuestros padres fundadores".

Ronald Reagan, 1985

¡Yo también soy un Contra!

(44)

En 1979, la Unión Soviética invadió **Afganistán** para instalar un régimen amistoso. La **ocupación soviética** se encontró con una **resistencia popular feroz**. La CIA se involucró para armar, financiar y capacitar a los guerrilleros **"mujahedines"** afganos, que trabajaron muy de cerca con los gobiernos de Pakistán y de Arabia Saudita. Con el apoyo generoso de Washington y de sus aliados, los mujahedines derrocaron a los soviéticos después de una **guerra brutal de una década**.

(45)

Entre los colaboradores de la CIA en esta guerra estaba un Saudí que se llama **Osama bin Laden**. Junto con la CIA, bin Laden abasteció a los mujahedines afganos con dinero y armas para luchar contra los soviéticos. La guerra afgana ayudó a **militarizar** a un movimiento islámico internacional que busca liberar al mundo musulmán de la dominación extranjera. A fin de cuentas, a este movimiento no le gustó la intervención de **Estados Unidos** más que la soviética. Sin embargo, en ese momento, los estadounidenses que apoyaron a bin Laden y a los mujahedines no se preocuparon por las consecuencias de sus más amplias metas.

(46)

¡Vamos a echar a **todas las tropas infieles** de las tierras musulmanas!

¡Así es! ¡Vamos a darle una paliza al **Imperio Maléfico**!

EEUU

En la década de 1980, Reagan aceleró la carrera armamentista incrementando los gastos militares a niveles sin precedente. Los soviéticos, con una economía mucho más pequeña, lucharon por no ser menos que los EEUU.

¡Dos pueden jugar este juego!

URSS

Pero, no lo pudieron hacer. Los masivos gastos militares crearon presiones tremendas sobre la sociedad soviética, lo que contribuyó a su destrucción. EEUU ganó la carrera armamentista y la Guerra Fría.

Cuando la Guerra Fría terminó, algunos empezaron a hablar de una "era de paz mundial" y un "dividendo de paz". Sin embargo, detrás de las puertas cerradas de la Casa Blanca y del Pentágono, las conversaciones fueron de otra índole.

Se ocuparon de la planeación de una nueva era de guerras.

NUEVO ORDEN MUNDIAL

¡Ahora somos la única superpotencia!

Capítulo 3
El
"Nuevo Orden Mundial"

En 1989, cuando el "Bloque del Este" empezó a derrumbarse, importantes estrategas estadounidenses se juntaron para hablar sobre la situación mundial. Acordaron felizmente que la Unión Soviética ya no podía ni quería contrarrestar las intervenciones militares de los EEUU en otros países. Decidieron que ya era tiempo de mostrar al mundo el poder militar de los EEUU. La Casa Blanca quería triunfos decisivos.

Enemigo mucho más débil

Enemigo mucho más débil

¡Sí!

¡Sí!

¡Sí!

"En los casos en que EEUU se enfrente a enemigos mucho más débiles, nuestro reto no será solamente derrocarlos, sino derrocarlos rápida y decisivamente".

De un documento sobre el análisis de la política del Consejo de Seguridad Nacional, 1989 (47)

Panamá, 1989

Panamá fue el primer país seleccionado para ser el "enemigo mucho más débil".

Desde el momento en que los **barcos de guerra de los EEUU** crearon a Panamá, las tropas de los EEUU han intervenido en ese pequeño país siempre que lo han considerado necesario. **George H. W. Bush** continuó con esta **tradición** en 1989, cuando mandó **25,000 tropas**.

Supuestamente para arrestar a un narcotraficante.

* George H. W. Bush, el presidente numero 41 de EEUU, 1989-1992

Las acusaciones sobre el tráfico de drogas simplemente sirvieron de pretexto. El motivo real fue asegurar el control de los EEUU sobre el **Canal de Panamá** y las extensas **bases militares de los EEUU** en ese país. Un **nuevo presidente panameño** prestó juramento en una base aérea de los EEUU momentos antes de la invasión. Lejos de ser el "Maestro Limpio", Guillermo Endara, a quien el Departamento de Estado de los EEUU escogió para la tarea, dirigía un banco que es bien conocido por lavar dinero.

(48)

¡Creemos en la libre empresa!

Por supuesto, no solamente bancos panameños se involucraron en este negocio. La mayoría de los **grandes bancos de los EEUU** establecieron sucursales en la Ciudad de Panamá.

(49)

¡Tenemos que sacar tajada!

Y el narcotráfico y el lavado de dinero se incrementaron drásticamente en Panamá desde la "Operación Causa Justa".

(50)

ADUANA/ CUSTOMS

Cocaína

Según los grupos de derechos humanos de Panamá, **miles de personas murieron** en la invasión que realizaron los EEUU: 26 soldados estadounidenses, 50 soldados panameños y el resto, civiles asesinados por el poder destructivo de las armas estadounidenses sobre **barrios densamente poblados** en áreas pobres de las ciudades de Panamá y de Colón.

Muchos de los muertos fueron puestos en bolsas de basura y secretamente enterrados en tumbas colectivas.

(51)

Irak, 1991

Solamente 13 meses después de la invasión de Panamá, EEUU fue a la guerra de nuevo, esta vez a una **escala mucho más grande**. La guerra de 1991 entre los EEUU e Irak continuó una **batalla épica** por el control de los inmensamente ricos campos **petroleros del Golfo Pérsico** que había empezado 75 años antes.

Durante la Primera Guerra Mundial, Inglaterra conquistó la región que ahora constituye Irak y Kuwait **tras arrebatársela** al **decadente Imperio Otomano**.

Nosotros no conquistamos a los árabes. Por el contrario, ¡los liberamos!

En 1920, cientos de soldados ingleses y muchos más iraquíes murieron cuando el ejército inglés reprimió una **rebelión** en contra del dominio inglés. Inglaterra terminó instalando a un "**Rey de Irak**" especialmente elegido. El nuevo monarca pronto firmó un contrato con compañías petroleras inglesas y estadounidenses, otorgándoles el derecho de **explotar todo el petróleo de Irak** por 75 años a cambio de una miseria en pagos.

(52)

¡Que Dios salve al rey!

Cuando declinó el poder del imperio inglés, EEUU se convirtió en el **accionista mayoritario** en una duradera **alianza angloamericana**. El Medio Oriente resultó ser una parte esencial de su "esfera de influencia" global.

Casi dos tercios de las reservas mundiales de petróleo conocidas están en el Medio Oriente. El control del flujo de petróleo de las compañías petroleras estadounidenses e Inglesas le dio a Washington **poder estratégico** sobre Europa, Japón y el mundo en desarrollo. El Departamento de Estado de los EEUU declaró que el petróleo del Medio Oriente era...

"Una fuente estupenda de poder estratégico... una de las recompensas más grandes en la historia del mundo".

(53)

Washington llegó a considerar los campos petroleros en el Medio Oriente sus **reservas privadas**.

(54)

¿Qué están haciendo?

Exploramos para ver si hay **intereses vitales** estadounidenses bajo su subsuelo.

Mobil

Las compañías petroleras estadounidenses e inglesas se sorprendieron cuando en 1958 el **rey de Irak** fue **derrocado**. El nuevo líder, un oficial militar nacionalista llamado Abdel Karim Qasim, exigió cambios en los **ventajosos tratos** que la monarquía había hecho con las compañías petroleras. También ayudó en la creación de la **OPEC**, el cartel de países productores de petróleo.

Además, el tipo se estaba asociando con los comunistas.

CIA

En 1963, la **CIA** colaboró con el **partido Ba'ath** para **asesinar a** Qasim y derrocar a su gobierno. El partido Ba'ath también era nacionalista pero por lo menos era **anticomunista**. Dicho partido asesinaba sistemáticamente a sus oponentes de izquierda y la CIA lo **ayudaba gustosamente**.

Estos chicos del partido Ba'ath son eficientes. Nosotros les damos listas de quienes sospechamos que son comunistas y ellos se encargan de lo demás.

CIA

(55)

Entre los colaboradores de la CIA en el golpe de estado de 1963 estaba un joven oficial militar llamado **Saddam Hussein**, quien después resultó ser el líder principal en Irak.

Pero Hussein pronto desilusionó a sus patrones en Washington al **nacionalizar la industria petrolera iraquí**. Otros líderes árabes en el Medio Oriente siguieron sus pasos y esto **alarmó en grande a** oficiales de EEUU.

(56)

"El petróleo es un recurso **demasiado importante** como para dejarlo en **manos de los árabes**".

Henry Kissinger

Luego, en 1980, Saddam Hussein hizo algo que **aumentó** significativamente su **popularidad** en Washington.

¡Decidí invadir Irán!

El gobierno de EEUU **se puso feliz**. Después de la revolución iraní de 1979, algunos estrategas estadounidenses consideraban que **Irán** era la **amenaza principal** a los intereses de los EEUU en el Medio Oriente. Por eso a Washington y a sus aliados les dio gusto proveer a Hussein con **armas avanzadas**. Incluso, algunas empresas estadounidenses le vendieron a Irak materiales para fabricar **armas químicas** y **biológicas**, entre ellas el **ántrax**, que es altamente letal.

(57)

¡No hagan nada que yo no haría!

Irak usó armas químicas en contra de tropas iraníes y rebeldes kurdos dentro de Irak. La administración Reagan lo sabía, pero EEUU continuó el suministro no solamente de los químicos necesarios, sino también con fotos de satélite que revelaban los movimientos de las tropas iraníes. Más de 100,000 soldados iraníes murieron o fueron heridos a causa del venenoso gas.

(58)

En 1987, la administración Reagan intervino directamente en la guerra entre Irak e Irán y se puso de parte de Irak. Mandó a una **armada naval** al Golfo Pérsico para proteger a los tanques petroleros de un país que era entonces un aliado de Irak - Kuwait. Usando armas de alta tecnología, la armada de los EEUU destruyó una **plataforma petrolera** de Irán, varias lanchas pequeñas y también derribó irresponsablemente un **avión de pasajeros** iraní. Los **290 pasajeros** murieron.

(59)

¡Tuvimos que defender nuestro barco!

Claro, pero ¿qué iban a hacer? ¿Echarles el agua del inodoro encima?

A pesar del apoyo por parte de los EEUU, Saddam Hussein no pudo apoderarse de ningún campo de petróleo iraní. Entonces dirigió su atención a los **campos petroleros** de su vecino del sur.

¡Decidí invadir Kuwait!

Aparentemente, Hussein pensó que EEUU también apoyaría tácitamente su invasión de Kuwait. Sin embargo, en la opinión de Washington, Kuwait era muy diferente a Irán. El Emir de Kuwait era un amigo fiel de las empresas petroleras de EEUU e Inglaterra y un aliado político cercano de EEUU. A George H.W. Bush le preocupó que el enorme ejército Iraquí amenazara el dominio estadounidense del Medio Oriente.

"Nuestros empleos, **nuestro estilo de vida**, nuestra libertad y la libertad de países amistosos alrededor del mundo sufrirían si el **control** de las **enormes reservas de petróleo mundial** cayeran en manos de Saddam Hussein".

George H. W. Bush, agosto de 1990

⁶⁰

Bush decidió que tenía que castigar a Hussein por invadir un **protectorado estadounidense** rico en petróleo.

"¡Le vamos a dar una patada en el trasero!"

El honorable George H. W. Bush, diciembre de 1990

⁶¹

La guerra tenía un **mensaje** para el mundo:

El Pentágono lanzó la **campaña de bombardeo más intensa** en la historia utilizando bombas convencionales, **bombas de dispersión** que destrozan los cuerpos en pedazos, "napalm" y fósforo que se adhieren a la piel y la queman y **explosivos de aire combustible** que tienen un impacto similar al de pequeñas bombas nucleares. Después, EEUU utilizó municiones con puntas de **uranio reducido** que ahora se sospecha son la causa de **cáncer** tanto en los iraquíes como en los soldados estadounidenses. Irak fue bombardeado a tal extremo que decenas de miles murieron y el país fue forzado a regresar a la **era preindustrial**.

¡Ataquen a Bagdad con bombas nucleares!

"¡Lo que nosotros decimos se cumple!"

¡EEUU es el Número 1—no se les olvide!

George. H. W. Bush, febrero de 1991

⁶² ⁶³

Bagdad y Basra fueron **bombardeadas implacable-mente**, por lo que murieron miles de civiles.

(64)

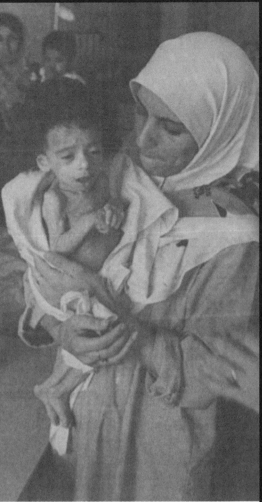

Irak ya había empezado a retroceder de Kuwait cuando Bush inició la ofensiva por tierra. De hecho, el objetivo principal de EEUU **no fue** sacar a las tropas iraquíes de Kuwait, sino **impedir su salida**. **"Las puertas fueron cerradas"** y **masacraron sistemáticamente** a decenas de miles de soldados que desesperadamente pretendían regresar a su país. En otros lugares, tanques y topadoras de los EEUU **enterraron a miles de soldados vivos** en sus trincheras en una táctica diseñada para "destruir a los defensores iraquíes".

(65)

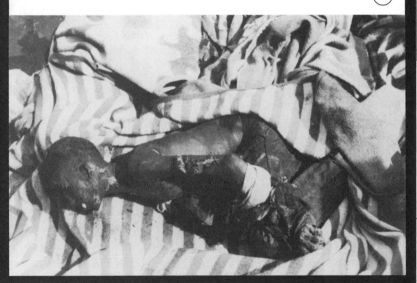

Decenas de miles de iraquíes murieron durante la guerra. Y, la **tragedia continuó** después de que ésta terminara. Aún más personas murieron a causa de **enfermedades contraídas por el agua**. Éstas se propagaron porque EEUU intencionalmente destruyó los **sistemas iraquíes de electricidad, de tratamiento de aguas y de aguas negras**. Por más de una década EEUU insistió en continuar las **sanciones económicas más severas** en la historia, por lo que continua-ron con la estrangulación de la ya devastada economía iraquí con consecuencias nefastas para el pueblo de Irak.

(67)

"En la vida de una nación, llega el momento de definir **quiénes somos y en qué creemos**".

George H. W. Bush, enero de 1991

(66)

En 1999, la UNICEF (Fondo de las Naciones Unidas para la Niñez) estimó que la **tasa de mortalidad infantil** se había más que duplicado desde la guerra. Dicha organización atribuyó este dramático aumento en la mortalidad principalmente a la desnutrición y al deterioro de las condiciones de salud causadas por la guerra y las constantes sanciones. Dicha organización estimó que **medio millón de niños más** murieron a consecuencia de ésto. Eso equivale a 5,200 niños cada mes. (68)

¡Eso le debería enseñar una lección a Saddam que no olvidará fácilmente!

Que Tenga Una Linda Guerra

El sucesor de Bush, Bill Clinton, no solamente mantuvo las **sanciones**, sino que **bombardeó regularmente** a Irak por **8 años**.

Y la guerra de EEUU contra Irak estaba lejos de ser concluida.

Kosovo, 1999

A finales de los '90, después de **años de abuso** en manos de un gobierno yugoslavo bajo dominio de los serbios, los rebeldes albaneses en Kosovo iniciaron **una guerra de secesión**. Usualmente, EEUU no apoya a grupos minoritarios que demandan la separación. Pero **todo depende de si** EEUU simpatiza o no con el gobierno del país que enfrenta su desmembramiento. Por ejemplo, EEUU ha apoyado a **los separatistas kurdos** en Irak e Irán. Sin embargo, al otro lado de la frontera Washington tiene un aliado cercano, **Turquía**, a quien ha proveído con toneladas de armas para **derrotar a los kurdos**. Con la ayuda de los EEUU, decenas de miles resultaron muertos. (69)

Ya que el **poderoso hombre yugoslavo**, Slobodan Milósevic, fue poco cooperativo con los esfuerzos de los EEUU para expandir su influencia en Europa del Este, el rompimiento de **Yugoslavia** fue una causa que ganó la simpatía de los EEUU. La administración de Clinton apoyó al Ejército de Liberación de Kosovo a pesar de su participación en **el narcotráfico**, su **extremismo étnico** y su **brutalidad**. De acuerdo con la práctica establecida en el pasado, la administración emitió un ultimátum que los yugoslavos **no podrían aceptar**. (70)

Aquí tiene el trato. Primero, la OTAN (Organización del Tratado del Atlántico Norte) tomará Kosovo. Segundo, **la OTAN** tendrá libre acceso a toda Yugoslavia. Tercero, Yugoslavia ayudará a pagar por el gobierno que **la OTAN dirigirá**. Firme aquí, o los bombardearemos.

Nuestra política es clara - apoyamos a los que luchan por su libertad y nos oponemos a los **terroristas separatistas**.

El bombardeo por parte de la OTAN convirtió una operación desagradable pero de pequeña escala de la contrainsurgencia yugoslava en una campaña masiva de **limpieza étnica**. Después de que se inició el bombardeo, soldados y miembros de las milicias serbias empezaron a forzar a cientos de miles de albaneses a salir del país, matando a miles. Cuando los **albaneses** regresaron bajo la protección de la OTAN, obligaron a residentes **serbios** y **gitanos** a irse y asesinaron a muchos de ellos. En última instancia, la guerra sirvió a los **objetivos políticos de EEUU** mientras que causó mucha muerte y sufrimiento a todas las partes del conflicto, lo que **agravó severamente los antagonismos étnicos**. (71)

Capítulo 4
La
"Guerra Contra el Terrorismo"

Después de los horrendos **ataques del 11 de septiembre** a las torres gemelas de Nueva York y al Pentágono, surgió **una pregunta tan delicada** que pocas veces la trataron seriamente los medios de comunicación estadounidenses.

Mamá, ¿Por qué lo hicieron?

Para entender esto, es razonable preguntarle al **sospechoso principal** directamente. Mientras los aviones de combate de los EEUU empezaron a bombardear a Afganistán, Osama bin Laden dio a conocer un mensaje grabado en video. Elogió los **ataques del 11 de septiembre** y pidió más ataques en contra de los Estados Unidos. Luego explicó en detalle y con claridad sus **motivos.**

"Lo que EEUU experimenta ahora es insignificante en comparación a lo que nosotros hemos vivido durante décadas. Nuestra nación (el mundo islámico) ha experimentando esta **humillación** y **degradación** por más de **80 años.** Aniquilan a sus hijos, **su sangre es derramada,** sus santuarios son atacados y nadie oye ni presta atención. Matan a millones de niños inocentes, aún ahora mientras hablo. Los asesinan en Irak aunque no hayan cometido ningún pecado... A EEUU y a su pueblo les digo solamente unas pocas palabras: Juro por Dios, quien elevó los cielos sin pilares, que ni EEUU ni la gente que vive ahí **soñará con la seguridad** antes de que la tengamos aquí en Palestina y tampoco antes de que salgan todos los **ejércitos infieles de la tierra de Mahoma;** que la paz sea con él". (72)

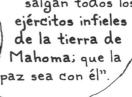

Osama bin Laden 7 de octubre, 2001

Pocas personas en el mundo, incluso en el Medio Oriente, apoyan los métodos terroristas de bin Laden. Pero la mayoría de las personas en el Medio Oriente **comparten su rabia** contra los Estados Unidos. Están molestas con los EEUU por apoyar regímenes **corruptos** y **dictatoriales** en la región, por **apoyar a Israel** a costa de los palestinos y por imponer **mandatos de los EEUU** sobre el Medio Oriente a través de la **fuerza militar** y sanciones económicas brutales.

Inmediatamente, la Administración del presidente George W. Bush* ordenó a las emisoras de televisión "ejercer prudencia" con respecto a la transmisión de mensajes grabados por bin Laden. ¿Y cuál era el motivo oficial?

Los videos pueden contener **mensajes secretos en clave** para operativos terroristas.

Pero, ¿fueron los **mensajes encubiertos** la preocupación principal de la administración? Quizás estaba más preocupada por el impacto del **mensaje abierto** de bin Laden – que por los ataques del **11 de septiembre** que fueron realizados como **represalia** por la política extranjera de los EEUU y ,especialmente, por la **intervención militar estadounidense** en el Medio Oriente.

Si los estadounidenses se dieran cuenta de que la intervención militar de los EEUU trajo represalias que resultaron en **muerte y destrucción** en su propio país, pensarían mejor antes de **apoyar las guerras de EEUU** en el extranjero.

* George W. Bush, presidente número 43 de EEUU desde 2001

El Pentágono ha demostrado una y otra vez que sus avanzadas armas pueden **destruir a los países** que seleccionan para ser atacados, **arrasando** con la infraestructura básica y **matando a cientos de miles** de personas.

Sería ingenuo pensar que no habría ninguna represalia.

Durante las últimas décadas, los costos reales de las guerras realizadas por los EEUU se han mantenido ocultos en gran medida. Hemos tenido que **pagar las cuentas militares** pero pocos estadounidenses han muerto. La **muerte** y la **destrucción** habían sido experimentadas solamente en el extranjero. Eso cambió el **11 de septiembre**.

La violencia llegó a los Estados Unidos.

Sin embargo, los ataques del 11 de septiembre no fueron simplemente acciones de **represalia**. También fueron **provocaciones**. Bin Laden esperaba que EEUU respondiera con **violencia masiva**, sabiendo que esto le traería nuevos **reclutas**. A la larga, pretendía ganar el apoyo de la mayoría del mundo musulmán para apoyar su guerra santa en contra de los EEUU.

Más mártires, más reclutas.

La Administración Bush respondió de acuerdo al **guión de bin Laden**. George W. Bush declaró la **"Guerra Contra el Terrorismo"** utilizando la retórica del "bien contra el mal" que reflejó la de bin Laden. Bush y sus asesores estaban listos, incluso **ansiosos**, para la guerra que bin Laden quería. Vieron los ataques del 11 de septiembre como una **gran oportunidad** para aumentar los gastos militares y mostrar al mundo el poder militar de los EEUU.

(73)

"Ésta será una lucha monumental del **bien contra el mal**... Esta **cruzada**, esta **guerra contra el terrorismo**, va a tomar tiempo".

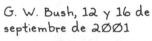

G. W. Bush, 12 y 16 de septiembre de 2001

La retórica de superioridad moral del "bien contra el mal" de la "Guerra Contra el Terrorismo" agudiza las ironías que desde hace mucho tiempo ensombrecen las declaraciones de los EEUU contra el **terrorismo apoyado por el Estado**. Por ejemplo, el presidente Bush se comprometió a recorrer el mundo en búsqueda de **Estados que dan refugio a terroristas**.

Pudo haber empezado en el **Estado de Florida**.

¿A qué te refieres?

Durante más de cuarenta años, Miami ha servido como base de operaciones para grupos de **exiliados cubanos** bien financiados que han realizado violentos **ataques terroristas contra Cuba**.

Más recientemente, **bombardearon** varios lugares turísticos en La Habana en 1997, mataron a un turista italiano e intentaron **asesinar a Fidel Castro** en Panamá en el año 2000.

No sería difícil para el gobierno estadounidense encontrar pruebas sobre la participación de estas organizaciones terroristas porque la CIA y el Pentágono capacitaron a muchos de sus miembros. Por ejemplo, Luis Posada Carriles y Orlando Bosch fueron los sospechosos principales de planear el **bombardeo de un avión cubano** de pasajeros que le quitó la vida a **73 personas.**

(74)

"Todos los aviones de Castro son aviones de combate"

Orlando Bosch, 1987, justificando el bombardeo del avión civil cubano.

Antes de que pudieran enjuiciar a Posada Carriles por el bombardeo del avión, **escapó de una prisión en Venezuela** y encontró trabajo suministrando armas a los **Contras de Nicaragua** que eran apoyados por la CIA.

Mi experiencia en la **CIA** me dio las credenciales necesarias para el trabajo.

(75)

Durante mucho tiempo el cómplice de Posada, Orlando Bosch, tuvo protección del Gobierno de EEUU para evitar su extradición. Aunque condenaron a Bosch por llevar a cabo un ataque con "bazuka" (una arma portátil para lanzar misiles contra tanques) sobre un barco en el puerto de Miami, el presidente George H. W. Bush impidió su expulsión del país a insistencia de su hijo Jeb. Bush firmó un perdón ejecutivo otorgándole a Bosch refugio seguro en Florida. Bosch se comprometió a...

"¡Reincorporarme a la lucha!"

(76) (77)

¡Un momento! Quiero aclarar las cosas. ¡Yo solamente perdono a los que luchan por la libertad, no a terroristas!

Si el presidente George W. Bush pretendiera seriamente perseguir a **todos** los Estados que ofrecen refugio a terroristas, ya le habría dado un **ultimátum** a su hermano, el gobernador de Florida.

Oye Jeb, ¿vas a tener que **entregar a los terroristas** o empezamos a **bombardear a Miami** mañana!

Posada, Bosch y sus amigos son **sólo unos pocos** de los violentos personajes cuyas actividades han sido patrocinadas por la CIA. Muchas de las "operaciones secretas" de la CIA - bombardeos, asesinatos, sabotajes y masacres paramilitares - son acciones terroristas por definición. Muchos de los misteriosos personajes involucrados en estas actividades todavía trabajan con la CIA por todo el mundo. Sin embargo, otros - incluso **Osama bin Laden** - se han puesto en contra de sus anteriores socios estadounidenses.

(78)

¡Qué lástima! Formaban un equipo tan bueno.

Afganistán, 2001 - ?

La "Guerra Contra el Terrorismo" de Bush empezó cuando los aviones de guerra de los EEUU **bombardearon Afganistán**, el desafortunado país en el que bin Laden decidió establecerse. En ese tiempo dominaron Afganistán clérigos musulmanes fundamentalistas del movimiento Talibán a quienes apoyaron bin Laden y la CIA durante la guerra antisoviética. Así pues, Washington decidió **destruir a sus anteriores aliados**.

El pueblo de Afganistán **sufrió las consecuencias**.

Las bombas de los EEUU mataron a cientos – quizás a miles – de civiles y la guerra cortó las provisiones de ayuda a millones de personas que ya **enfrentaban la inanición**. Nunca se sabrá el número total de muertes, pero ciertamente **muchos más civiles murieron** en el ataque de EEUU a Afganistán que los que murieron en el ataque a las torres gemelas de Nueva York. (79)

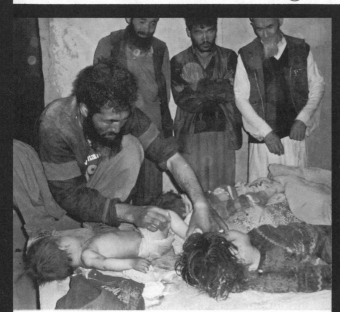

Familiares preparan a cuatro niños para ser enterrados después de un ataque aéreo por parte de EEUU. Kabul, octubre 2001.

EEUU hizo causa común con nuevos aliados Afganos- brutales jefes de clanes regionales. Bajo el control de EEUU, el fundamentalismo islámico ha sido reemplazado por una **cruda corrupción** mientras los jefes de clanes pelean por el poder y abusan de la gente bajo su jurisdicción. El **tráfico de opio**, que clérigos fanáticos del Talibán habían suprimido brevemente, florece una vez más bajo el control de estos jefes regionales. (80)

Y Afganistán recuperó su posición como el **productor número uno de opio** en el mundo.

Irak, 2003 - ?

Desde el día en que tomaron la oficina, Bush y sus tenientes clave **fijaron sus miradas en Irak**. Después del 11 de septiembre, empaquetaron una invasión como parte de la "Guerra contra el Terrorismo". Para ganar el respaldo de la ONU, ellos reclamaron que Saddam Hussein estaba desarrollando **armas nucleares, químicas y biológicas**. La amenaza era tan inminente, dijeron ellos, que una invasión inmediata era **imperativa**.

"No podemos **esperar a tener la evidencia definitiva** – la pistola humeante – que podría llegar en forma de un **hongo nuclear**".

George W. Bush, October 2002 (81)

Ahora sabemos que Irak no tiene "armas de destrucción masiva" y que la administración de Bush manipuló **evidencia** para justificar sus planes de guerra. Incluso entonces estaba claro que el espectro de tales armas era sólo un pretexto. Los Estados Unidos no guardaron en secreto su **meta fundamental de guerra** de instalar un **régimen pro Estados Unidos** en Irak para incrementar el poder militar y político de Estados Unidos en el Medio Oriente. Bush, por lo tanto, tuvo poco uso para los inspectores de armas de la O.N.U. en Irak.

¡Quiten a esos *%&# inspectores fuera del camino - Yo estoy prácticamente listo para **bombardear el lugar!**

82

Las Naciones Unidas **se negaron a respaldar** la invasión pero Estados Unidos y Gran Bretaña siguieron adelante de cualquier manera. El ejército iraquí fue **destruido** y miles de civiles iraquíes, que fueron suficientemente desafortunados para estar a la mitad de la acción, también fueron asesinados.

83

Tan pronto como las tropas de Estados Unidos tomaron Bagdad, eufóricos oficiales americanos empezaron a **dirigir amenazas** a Siria e Irán, los vecinos de Irak. El mensaje: Vayan junto con el programa americano **o de otro modo**...

84

"Esto no **necesariamente** quiere decir que otros gobiernos tienen que caer. Pueden **moderar su comportamiento**".

Un oficial superior de la administración Bush, abril de 2003

La administración Bush tenía **grandes planes**. Con base en la **enorme abundancia petrolera** iraquí y en el ejército **estadounidense**, oficiales americanos tenían la esperanza de crear un régimen cliente en Irak para utilizarlo como **base del poder de Estados Unidos** en el corazón del Medio Oriente árabe. Ellos trajeron a un grupo de **políticos emigrados**, con la intención de instalarlos como líderes del nuevo gobierno. Su **favorito** era Ahmed Chalabi, un empresario millonario que condenaron por fraude bancario en Jordania.

No te preocupes amigo- a todos se nos acusa por **delitos financieros** de vez en cuando.

85

Chalabi se ganó los corazones de los funcionarios de la Casa Blanca en parte por una declaración con la que él favoreció el poner a Irak fuera de la OPEC y entonces **privatizar el petróleo iraquí** para venderlo a compañías extranjeras.

"Las compañías estadounidenses tienen una **gran oportunidad** de apoderarse del petróleo iraquí".

Ahmed Chalabi septiembre de 2002

86

¡Pero Bush y sus amigos pasaron por alto un **detalle** - que el pueblo de Irak podría no estar de acuerdo con sus planes!

Bush declaró que había **"liberado"** a el pueblo iraquí y que él les llevaría **democracia**. Los iraquíes, naturalmente, sospecharon.

Nosotros sabemos qué pasó **después** de que los ingleses **"liberaron"** a nuestros abuelos.

¡Y también sabemos qué pasó la última vez que EEUU nos trajo un **"cambio de régimen"** - terminamos con Saddam Hussein como gobernante!

La historia indica que la **posibilidad de conseguir la democracia** en Irak bajo el liderazgo de EEUU **no es buena**. EEUU ha derrocado a muchos gobiernos alrededor del mundo. Pero esto rara vez resulta en algún tipo de democracia.

Por el contrario, el resultado casi siempre ha sido una **brutal dictadura**.

Pronto fue obvio que la "liberación" de Irak por parte de EEUU **venía con condiciones**.

Nosotros no tomamos esta enorme carga para no tener **significativo control dominante**.

(87)

Secretario de Estado de EEUU Colin Powell, abril de 2003

Bush designó a Paul Bremen III, un "experto en terrorismo" entrenado por Henry Kissinger, para encabezar la ocupación estadounidense en Irak. Asignaron a ejecutivos de la **compañía petrolera estadounidense** y a **banqueros** para ocuparse de la industria petrolera iraquí y del banco central. Asignaron a oficiales **militares estadounidenses** a cargo de ciudades iraquíes.

Nosotros lo llamamos el modelo de gobierno militar-corporativo.

(88)

Bush prometió regresarles su "soberanía" a los iraquíes, pero también aclaró que solamente un **gobierno que favoreciera a EEUU** sería aceptable.

¡Claro! ¡Si ustedes no están con nosotros, entonces están con los **terroristas**!

Debido a que EEUU tiene **tan poca popularidad** entre los árabes del Medio Oriente, es difícil esperar que los iraquíes, en el caso en que pudieran elegir libremente, votaran por un candidato pro Estados Unidos. Es por eso que Estados Unidos se **resistió firmemente a celebrar elecciones populares** en Irak ocupado, y en lugar de eso, propuso que los miembros de una nueva asamblea de gobierno fueran seleccionados por reuniones de dirigentes políticos patrocinados por los EEUU.

⑧⑨

"En una situación de posguerra como esta, si usted comienza a celebrar elecciones, los **repudiadores** tienden a ganar."

L. Paul Bremer III, líder de la Autoridad Provisional de la Coalición, junio 2003

Bremer llama "repudiadores" a los que se oponen a la ocupación estadounidense.

100,000 iraquíes marchan para exigir elecciones populares y oponerse a la ocupación estadounidense. Baghdad, 19 de enero de 2004.

La autoridad de la ocupación estadounidense en Irak era difícilmente un modelo de gobierno democrático. Los periódicos y las estaciones de radio y televisión que criticaron a la autoridad **fueron cerrados**.

Exhibieron una evidente **carencia de aprecio** hacia sus libertadores.

Decenas de miles de iraquíes **desaparecieron** en las prisiones dirigidas por los militares de Estados Unidos. Prisioneros fueron encarcelados sin cargos, y fueron sujetos a **humillaciones**, **abuso sexual** y **tortura**.

⑨⓪

"¡Ahora todos los iraquíes pueden **probar** libertad en su tierra natal!"

⑨①

El Procurador de Justicia de Estados Unidos, John Ashcroft, después de que envió a un equipo para la reconstrucción del sistema de cortes y prisiones de Irak en 2003.

Enfrentando la **hostilidad de la población**, los militares estadounidenses vigilaron ciudades y villas iraquíes con **mano dura**. Innumerables iraquíes fueron asesinados cuando protestaron en contra de la ocupación. Las balas alcanzaron a periodistas cuando cubrían informativamente las operaciones militares estadounidenses. Otros, quienes simplemente estuvieron en el lugar equivocado a la hora equivocada, fueron **asesinados en retenes militares** o cuando soldados invadieron sus vecindarios.

La ocupación de Estados Unidos en Irak siguió la conocida trayectoria de **aventuras coloniales** anteriores. Los iraquíes organizaron **resistencia armada** y los militares de Estados Unidos incrementaron las **medidas punitivas** contra la población, inspirando **miedo e indignación**.

(92)

Con soldados estadounidenses e iraquíes muertos en batallas diarias, la respuesta de Bush **fue** contonearse con **retórica vaquera**.

"Hay algunos que piensan... que nos pueden atacar ahí. Mi respuesta es, ¡atrévanse!"

George W. Bush, Washington, DC., julio de 2003

(93)

Me pregunto si a él le gustaría hacer guardia aquí en Bagdad.

Mientras que la resistencia crecía, los comandantes americanos se sintieron cada vez más **frustrados y agresivos**. Después de que cuatro contratistas norteamericanos fueron brutalmente asesinados en Falluja, los Estados Unidos tomaron **revancha**. Mataron a cientos de residentes mientras que vecindarios sobre poblados sufrieron los **misiles de tanques, bombardeos y castigos** por aviones de combate y helicópteros. El sitiar a Fallujah incitó a una mayor oposición en todo Irak contra la ocupación de EEUU.

(94)

Para la primavera del 2004, estaba claro que los **grandiosos planes de Bush** se habían **colapsado**. La vasta mayoría de iraquíes **quería a Estados Unidos fuera** y ya no querían tener **nada que ver** con políticos asociados con Washington.

"**Ellos** no nos quieren aquí y **nosotros** no queremos estar aquí".

Soldado estadouidense no identificado, Bagdad

(95)

La ocupación estadounidense en Afganistán e Irak, unida a la contínua ayuda para la ocupación israelí en Palestina, **ha agregado combustible** a los ya **hirvientes sentimientos anti-americanos** a través del Medio Oriente.

ESTADOS UNIDOS
EL TERRORISTA VERDADERO

La resistencia elevó los costes de la ocupación. El mantener más de **135,000 soldados** en Irak tiene un costo de más de un **billón de dólares por semana.** Cada día soldados americanos **regresan a casa en ataúdes** o inhabilitados de por vida. Pero los políticos y generales en Washington insisten en que **nunca regresarán derrotados,** cueste lo que cueste.

¡Nuestra credibilidad como superpotencia está en juego!

96

Por invadir y ocupar a países musulmanes, los Estados Unidos han únicamente **invitado a que hayan más ataques** contra los soldados de Estados Unidos y otros objetivos americanos. El Pentágono ha prometido responder con más violencia.

"**Exportaremos muerte y violencia** a los cuatro rincones de la Tierra para defender a nuestra gran nación".

Oficial estadounidense de las "fuerzas especiales", Afganistán, febrero de 2002

97

La **espiral de la matanza** se está extendiendo peligrosamente. La muy antigua **adicción a la guerra** de Estados Unidos alcanzó **un nuevo nivel,** creando peligros mayores para los ciudadanos de este país y alrededor del mundo.

Desafortunadamente, hay algunos que se **benefician generosamente** de esta adicción.

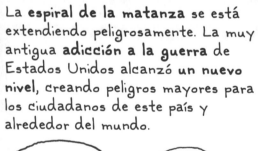

Capítulo 5

Los
Beneficiarios
de la Guerra

A la cabeza de los grupos pro guerra se encuentra una mezcla de políticos, generales y ejecutivos de corporaciones. Si se les pregunta por qué están tan a favor de la guerra, darán razones nobles y desinteresadas.

Sin embargo, lo que realmente los motiva a ir a la guerra son metas un poco menos humanitarias:

El enorme presupuesto del Pentágono significa **menos dinero** en los bolsillos de la mayoría de la gente.

IRS

EL PENTÁGONO

Pero para otros es precisamente lo contrario.

GANANCIAS DE LA GUERRA

Más de 100,000 empresas se alimentan en el comedero del Pentágono. Pero la mayoría del dinero es destinado a unas cuantas corporaciones enormes.

¡Muévase! ¡Yo llegué primero!

Contratos del Pentágono en 1999

98

United Technolog $2.4 mil millones

TEXTRON $1.4 mil millones

NORTHROP GRUMMAN $3.2 mil millones

BOEING $11.6 mil millones

Raytheon $6.4 mil millones

GE $1.7 mil millones

GENERAL DYNAMICS $4.6 mil millones

LOCKHEED MARTIN $12.7 mil millones

TRW $1.4 mil millones

Mientras veían los **misiles** y **bombas** que caían en el Medio Oriente, los altos ejecutivos de las grandes manufactureras de armas hacían suma de sus ganancias, sus cerebros trabajaban como cajas **registradoras vueltas locas.**

Para los fabricantes de armas las guerras significan más pedidos, no solamente del Pentágono sino de otros países. Después de que la Primera Guerra del Golfo demostrara que sus armas realmente pueden **matar a gran escala**, las ventas de armas de EEUU a países en el extranjero se dispararon.

99

Tenemos una **ganga** esta semana en los F-16... ¡compre 100 y agregaremos 1,000 cajas de "Napalm" gratis!

¡GRATIS! OFERTA DE "NAPALM" ¡Tenemos sobreproducción! ¡Las probamos en el Golfo! ¡Las comprobamos en el Golfo! ¡Mate como nunca ha matado antes!

Nuestras armas matan: - Más - Mejor - Más Rápido

¿Quiénes se benefician de las guerras?

Hay que analizar a algunos de los hombres de Washington que **más favorecen** la guerra.

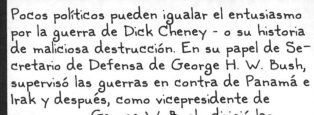

Dick Cheney

Pocos políticos pueden igualar el entusiasmo por la guerra de Dick Cheney - o su historia de maliciosa destrucción. En su papel de Secretario de Defensa de George H. W. Bush, supervisó las guerras en contra de Panamá e Irak y después, como vicepresidente de George W. Bush, dirigió las guerras contra Afganistán e Irak.

En tiempos de paz Dick tiene como enfoque el **construir** en lugar de **destruir**, es decir, se dedica a la **reconstrucción posguerra**. En 1995, nombraron a Cheney presidente de **Halliburton**, la compañía más grande del mundo de servicios petroleros y uno de los contratistas militares más importantes. Después de la Primera Guerra del Golfo contrataron a la compañía para reconstruir la devastada industria petrolera de Kuwait. Y regresó una vez más para limpiar el desastre que ocasionó la Segunda Guerra del Golfo - claro, por un **significativo sueldo**.

(100)

Halliburton

¡Hay que darle crédito a Dick. Él tiene una **innovadora estrategia de negocios** – primero bombardea, luego arregla el desastre, luego vuelve a bombardear y lo arregla otra vez!

Halliburton obtiene cientos de millones de dólares en ganancias proveyendo vivienda y alimento a las tropas estadounidenses en Irak. Aún más, recibió el obsequio máximo de reconstrucción – un **contrato secreto sin competencia**, para reconstruir fábricas petroleras iraquíes, que seguramente valdrán miles de millones de dólares.

(101)

Es bueno tener amigos en Washington.

Como presidente de Halliburton, **recompensaron generosamente** a Cheney, al embolsarle millones de dólares en salarios y en acciones de bolsa anualmente. Terminó como el accionista mayoritario de dicha compañía con **acciones de $45 millones**.

(102)

¡Me gané cada centavo!

Cheney logró aplazar 5 veces su reclutamiento para evitar pelear en Vietnam. Sin embargo, está dispuesto a recaudar los beneficios tras enviar a otros individuos a pelear y morir. Cheney formó parte de las mesas directivas de varios contratistas de guerra y su esposa- Lynne- se unió a la mesa directiva de Lockheed-Martin. Después de que Cheney regresara a la Casa Blanca en 2001, la compañía Lockheed-Martin recibió el obsequio más grande en la historia de los contratos de guerra- un acuerdo para fabricar la próxima generación de aviones de combate con un valor de cientos de miles de millones de dólares.

(103)

¡Simplemente cumplimos con nuestro **deber patriótico**!

Richard Perle

Como cabeza de la "Mesa Directiva de la Política de Defensa" del Pentágono, Richard Perle fue uno de los **arquitectos intelectuales de la guerra contra Irak** y de los esfuerzos de Donald Rumsfeld para **revolucionar la tecnología militar**. En el año 2001, Perle se unió a Henry Kissinger y a otras **personas de influencia en Washington** para formar una compañía llamada "Trireme Partners" ("Socios Trireme"). Trireme obtiene capital de individuos adinerados y lo invierte en **compañías armamentistas**. De esta manera busca poner su dinero en las empresas que espera recibirán los contratos gubernamentales más lucrativos. (104)

¿Especulación interna? Preferimos llamarlo **especulación sin riesgo**.

Henry

Perle también asiste con sus servicios como consejero al **gobierno israelí**. En Washington o en Jerusalén, su consejo siempre es igual:

¡La guerra es la respuesta!

Perle ha promovido la guerra especialmente contra tres países que considera que son los principales enemigos de Israel: Irak, Siria e Irán.

Ya cayó uno, faltan dos... (105)

Cheney, Perle y sus amigos **van y vienen** a diferentes empleos en el Pentágono, la Casa Blanca, el Congreso y las corporaciones contratadas por los servicios militares, **según convenga**. Hay mucho **intercambio de dinero en Washington** cuando las manufactureras de armas hacen **contribuciones generosas** a políticos y cuando estos conceden **contratos lucrativos del Pentágono** a las manufactureras de armas. Esto resulta en toda clase de **oscuros convenios** y en mercancía con exagerado sobreprecio.

¡Que viva el Pentágono - el único lugar donde se puede vender un **tornillo de 13 centavos** por **$2,043**! (106)

La **"Guerra Contra el Terrorismo"** ha dado **ganancias exorbitantes** a los contratistas militares. El **Ejército**, la **Armada** y la **Fuerza Aérea** (y los contratistas que estos representan) se ponen en fila para recibir fondos para **sistemas de armas nuevos y costosos** que ahora presentan como imprescindibles en la lucha contra el terrorismo.

¡No podemos permitirnos el lujo de estar sin ellos!

¡Es vital para la defensa del país!

¡Tenemos que cerrar la ventana de la vulnerabilidad!

De hecho, con la excusa de proveer fondos para la "Guerra Contra el Terrorismo", el Congreso **abandona** sus esfuerzos para evitar déficit en el presupuesto. En lugar de esto, cada año le da al Pentágono lo que equivale a un **cheque en blanco.**

Para lo que se necesite...

Páguese este cheque a: EL PENTÁGONO $ _____
_____ Dólares
Congreso de EEUU

Después del final de la **Guerra Fría**, muchas personas en Washington reconsideraron el **enorme tamaño** del presupuesto militar que convirtió a EEUU, de ser el prestamista más grande del mundo, a ser el deudor más grande del mundo.

EEUU

¿Bonos? ¿Donativos?

EEUU

¡Ay! ¡Eso duele!

Para tratar de equilibrar el presupuesto federal, los políticos empiezan a realizar **recortes al presupuesto del Pentágono.**

Después del 11 de septiembre, todo esto cambió. Bush y el Congreso empezaron a hinchar el **presupuesto ya inflado del Pentágono sin restricciones.**

EEUU

$

41

Incluso la oposición en el Congreso al exagerado "programa de defensa a base de misiles" se derrumbó.

Tanto la defensa a base de misiles como la "Guerra Contra el Terrorismo" prometen proteger a los estadounidenses del peligro. Pero en realidad crean un mundo mucho más peligroso. Si otros países piensan que es posible que EEUU bloquée sus misiles, se sentirán vulnerables a un ataque estadounidense. China promete construir más y mejores misiles que podrían derrotar el "escudo antimisil" de EEUU. Esto fomentará una carrera de armas nucleares en Asia.

Si China construye más misiles nucleares, entonces India también lo hará. Si India lo hace, entonces Pakistán lo hará. Si Pakistán...

Para tratar de evitar este tipo de carrera armamentista, EEUU y Rusia firmaron el **Tratado de Misiles Antibalísticos ("ABM")** en 1972. EEUU **descartó unilateralmente** tal tratado para poder desarrollar la defensa basada en misiles. Sin embargo, esto no molestó a quienes proponen dicha defensa.

Con esta filosofía, el congreso rechazó el tratado que prohíbe las pruebas de armas nucleares, firmado por 164 países y continúa el financiamiento para el desarrollo y la producción de dichas armas. De hecho, el Pentágono está ansioso por producir un arsenal completamente nuevo de pequeñas **armas nucleares para ser usado en el campo de batalla**

(107) Oye, el mundo ha cambiado. ¡Nosotros podemos ganar la carrera armamentista contra cualquier país!

(108)

EEUU almacena un arsenal nuclear suficiente como para **destruir la mayor parte de la humanidad.**

¡Solamente para librarnos del peligro!

Puesto que Rusia es cada vez un menor blanco nuclear, el Pentágono ha corregido la dirrección de sus misiles hacia **"todos sus posibles adversarios".**

Esto hace que otros países piensen que deberían **darse prisa** y conseguir sus propias armas nucleares.

(109)

42

En el orden mundial que resultó de la Guerra Fría, parece que EEUU no quiere estar atado por tratados sobre armas. **Se niega a firmar** un nuevo protocolo para el tratado de 1972 sobre las armas biológicas porque requeriría inspecciones internacionales de sus **instalaciones de desarrollo de armas biológicas**, en las que crea nuevos virus mortíferos, entre ellos el **ántrax en polvo**, que es sumamente letal. Oficiales de los EEUU dicen que sólo producen armas de gérmenes para poder estudiar cómo defenderse de ellas.

(110)

¡Por supuesto, nunca las utilizaríamos nosotros mismos!

¿Pero pueden otros países **confiar** en el gobierno del país que bombardeó a Hiroshima y Nagasaki y hasta desarrolló planes para utilizar **la viruela** y otras armas biológicas contra **Vietnam** y **Cuba**?

(111)

¿Confiaría usted?

Y **estos gérmenes convertidos en armas** de los EEUU no sólo representan una amenaza para la gente de otros países.

¿Qué pasaría si el ántrax en polvo del Pentágono llegara a manos de **algún fanático aquí** en los Estados Unidos?

Durante la Guerra Fría, la Unión Soviética fue un verdadero competidor militar para EEUU. Hoy, EEUU mantiene una enorme máquina de guerra a pesar de que ya no tiene **competencia seria**. ¡El presupuesto militar de los EEUU es ahora mayor que el **del conjunto de los 25 países que le siguen** en cuanto a gastos! **¡Constituye el 36% de los gastos militares totales del mundo!**

(112)

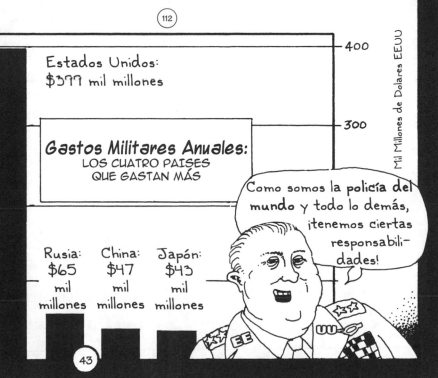

Estados Unidos: $377 mil millones

Gastos Militares Anuales: LOS CUATRO PAISES QUE GASTAN MÁS

Rusia: $65 mil millones

China: $47 mil millones

Japón: $43 mil millones

Mil Millones de Dolares EEUU

— 400

— 300

Como somos la **policía del mundo** y todo lo demás, ¡tenemos ciertas responsabilidades!

Capítulo 6

El Alto Costo del Militarismo

El mantener esta gran máquina militar **sale muy caro**. Cada año EEUU gasta **cientos de miles de millones de** dólares en los servicios militares. (113)

Esta cantidad no incluye las decenas de miles de millones de dólares gastados en la ocupación militar de Irak y Afganistán.

$399,000,000,000 presupuesto militar para el año fiscal 2004

$308 mil millones — 2001
$351 mil millones — 2002
$396 mil millones — 2003
$470 mil millones (propuesto) — 2007

Desde 1948 el gasto de EEUU para fortalecer su poder militar es de más de **$15 trillones**. Veamos, ¿exactamente cuánto son **$15,000,000,000,000?** (114)

Déjeme ver...

¡Dios mío!

¡Es más que el valor monetario acumulado de **toda la riqueza creada** por los humanos en los EEUU! (115)

En otras palabras, ¡el gobierno ha gastado más en militarismo durante las últimas cuatro décadas que el valor de **todas las fábricas**, maquinaria, carreteras, **puentes**, sistemas de agua y de aguas negras, **aeropuertos**, ferrocarriles, **plantas de energía**, edificios de oficinas, centros comerciales, **escuelas**, hospitales, hoteles, **casas**, etc., de este país en su **totalidad!**

¡Caray!

Si sumamos el presupuesto actual del Pentágono, el presupuesto para las armas nucleares del Departamento de Energía, la porción militar del presupuesto de la NASA, la ayuda militar al extranjero, los beneficios para los veteranos, los pagos de interés sobre la deuda incurrida por gastos militares anteriores y otros gastos relacionados con los servicios militares, EEUU gasta más de $776 mil millones cada año para alimentar su adicción a la guerra. (116)

¡Eso equivale a más de un millón de dólares por minuto!

Esto le cuesta bastante a usted. En promedio, cada hogar estadounidense "contribuye" con más de $4,400 en impuestos cada año para fortalecer el sistema militar más poderoso del mundo. (117)

¡Ahora sé por qué nunca podemos cubrir nuestros gastos!

Mamá, podemos comprar...

¡Si necesita algo más, sólo llámeme!

Porque el Congreso es muy generoso con el Pentágono...

El dinero no alcanza para financiar los programas sociales.

Eso es todo lo que podemos pagar - ustedes saben que no podemos dejar el presupuesto sin un centavo.

Los puentes, las carreteras, las alcantarillas y los sistemas de agua tienen riesgo de derrumbe porque el gobierno no proporciona el dinero necesario para mantenerlos. (118)

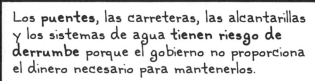

¿?

CRIC

Los pasajes de los autobuses aumentan y el servicio registra reducciones ya que el gobierno federal elimina paulatinamente el apoyo financiero para los gastos de mantenimiento del sistema de transporte público. (119)

FUERA DE SERVICIO

¡Sé todo lo que puedas ser en el ejército!

Las escuelas están en decadencia y sobre pobladas. En algunas escuelas preparatorias en zonas urbanas, el 80% de los estudiantes abandonan sus estudios. Más de la quinta parte de los adultos no **puede leer** una solicitud de trabajo ni una señal de tráfico. Aún así, el financiamiento federal para la educación por cada estudiante registra una disminución sustancial en las dos últimas décadas.

(120) Nosotros creemos en el financiamiento a través de las ventas de **pasteles.**

Los precios disparados causan una crisis en la asistencia médica. 43 millones de personas no tienen seguro médico y millones más tienen un seguro insuficiente. Cada vez más personas no reciben la asistencia médica que necesitan porque no la pueden pagar. Y aún **continúan** el **cierre de hospitales públicos** y el gobierno no prepara ninguna reforma seria con respecto a la asistencia médica.

(121)

Pacientes Con Seguro →

← Pacientes Sin Seguro

SALIDA

RECEPCIÓN

Mamá ¡Me duele!

Una quinta parte de todas las **mujeres embarazadas** no recibe **cuidado prenatal.** Ésta es una razón por la cual EEUU tiene la tasa más alta de mortalidad infantil en el mundo desarrollado (el doble de la de Japón). **Cada 50 minutos** un niño muere en los EEUU debido a la **pobreza o al hambre.** Aun así, el Congreso ha sido sumamente tacaño con respecto al financiamiento para los programas de salud para las madres y los niños.

(122)

¡Me encantan los bebés!

¡Oiga, por qué no pone su dinero en donde están sus convicciones!

¡Puaj!

¡Vote por MÍ!

Con las **rentas al alza** y los **salarios a la baja,** millones de familias viven al borde del desalojo. Millones de personas terminan por **vivir en las calles.** No obstante, cuando se trata de financiamiento de viviendas y de personas sin hogar, parece que la mayoría de la gente en Washington adopta la actitud de Reagan.

(123)

¡A esas personas les **gusta** vivir en la calle!

La adicción a las drogas y al alcoholismo incapacita a millones de personas y devasta a familias y comunidades enteras. Sin embargo, no existen suficientes centros de tratamiento para tratar siquiera a una **fracción** de los que buscan ayuda y muchos centros están **cerrando sus puertas** debido a la falta de financiamiento.

¡Simplemente no hay dinero!

¿En serio?

¡De alguna manera el gobierno logra conseguir miles de millones de dólares cada año para poder operar **12 grupos de portaaviones de combate!**

Con los **$1,000,000,000** que se requieren para mantener sólo uno de esos portaaviones por un año, se podrían construir **17,000 casas** para **67,000 personas.**

(124)

...o se podría proveer **asistencia médica prenatal gratis** para 1,600,000 futuras mamás, con lo que salvarían a miles de bebés

(125)

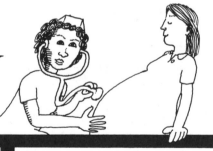

...o inscribir a **384,000 niños** más en el programa preescolar **"Head Start"** ("Educación Temprana") este año

(126)

...o proveer **tratamiento intensivo** para **adictos a las drogas** o al alcohol para **333,000** personas.

(127)

...o darle a 500,000 niños estadounidenses desnutridos tres comidas al día durante un año.

¡...o se podría dar el enganche para un nuevo portaaviones!

U.S.S. RONALD REAGAN

Que es exactamente lo que están haciendo – ¡construyen un nuevo portaaviones!

El gobierno puede conseguir cientos de miles de millones de dólares para nuevos portaaviones y otros armamentos militares...

¡Pero dicen que no pueden conseguir dinero para enfrentar los problemas serios que tenemos!

El precio del militarismo incluye más que altos impuestos y servicios sociales deficientes. Por ejemplo, es probable que la construcción de armas nucleares signifique **el desastre ambiental más grande** en EEUU. Más de 100 plantas de armas nucleares del Departamento de Energía **sueltan desechos radioactivos** al aire, los arrojan a los ríos o los tiran lentamente en el terreno y el agua, actividad que repiten desde hace décadas.

Y todo esto bajo el amparo del secreto gubernamental.

ÁREA RESTRINGIDA SEGURIDAD NACIONAL ¡NO SEA ENTROMETIDO!

Los administradores que dirigen las plantas de armas nucleares, a sabiendas someten a sus trabajadores y a la gente que reside cerca de ahí, a la contaminación radioactiva letal– sin decirles nada al respecto.

Actualmente el gobierno estima que limpiar la contaminación en estas plantas les llevaría a **25,000 trabajadores** por lo menos **30 años** - a un costo de **$300 mil millones** o más.

(130)

> ¡Y adivine quién **pagará la cuenta**!

Bip Bip

Además, las pruebas de armas nucleares esparcen plutonio mortal en grandes extensiones del Suroeste y el Pacífico Sur. Muchos de los **458,000** soldados de los EEUU que participaron en el programa de pruebas atómicas están ahora **muriéndose de cáncer**.

(131)

> No te preocupes, muchacho. Es perfectamente seguro. ¡Sólo hay que ponerse estas **gafas protectoras**!

> ¿?

Soldado | Desechable
EE | UU

Pero no son los únicos. **Altos índices de cáncer** agobian a la población en general en las áreas en donde se realizan las pruebas. Un estudio estima que las pruebas nucleares ya realizadas serán la causa de muerte por cáncer de unas **430,000 personas**, en todo el mundo.

(132)

> Y el plutonio permanece **altamente radioactivo** durante cientos de miles de años.

Mientras tanto, vacían **cientos de miles de toneladas de desechos tóxicos** en bases militares en todo el país, entre ellos agentes de guerra química, "Napalm", explosivos, desechos industriales "PCB's" y metales pesados, con lo que crean lagunas malignas y contaminan **el agua** en las comunidades vecinas.

Hay 11,000 basureros militares que requieren limpieza. Se estima que el costo será de $100 mil a $200 mil millones.

(133)

Yo digo que los cerquemos a todos y que los llamemos **zonas de sacrificio** para la **seguridad nacional.**

Habla en serio- eso es lo que algunas personas proponen.

Otro costo de hacer la guerra a países soberanos es la represalia que conlleva.

Si no estuviéramos siempre **bombardeando** a otros, no tendríamos que preocuparnos de que nos **bombardearan** a nosotros.

Momentos antes de la invasión estadounidense a Irak, el Secretario de la "Seguridad Nacional", Tom Ridge, admitió que la guerra traería **más ataques terroristas** contra EEUU.

(134)

"Pienso que podemos esperar... **más amenazas** a causa de la posibilidad de una invasión. Considero que es **bastante predecible**".

Tom Ridge, Marzo, 2003

En otras palabras, la administración Bush sabía que invadir a Irak traería represalias pero de cualquier manera decidió **ponernos en más peligro.**

La "Guerra Contra el Terrorismo" abrió un nuevo capítulo sobre las guerras estadounidenses en el extranjero. Dicho capítulo puede caracterizarse por un **ciclo interminable de violencia.** Algunas personas en Washington parecen **disfrutar tal posibilidad.** Al emerger de su escondite secreto después de los ataques terroristas del 11 de septiembre, Dick Cheney pronosticó que la "Guerra Contra el Terrorismo" duraría mucho tiempo.

(135)

"Puede ser que nunca termine. Por lo menos no en el transcurso de nuestras vidas".

Cheney, octubre de 2001

Declaró que a consecuencia de esta **guerra sin fin** tenemos que prepararnos para **ataques terroristas continuos**.

"Por primera vez en nuestra historia, probablemente vamos a sufrir más muertes en nuestro propio país que las que sufrirán nuestras tropas en el extranjero".

Dick Cheney, octubre de 2001

Cheney advirtió que como resultado nos tendremos que acostumbrar a **medidas invasoras de seguridad**.

"Tendremos que tomar medidas... que formarán una parte permanente de nuestro **estilo de vida**".

Dick Cheney, Octubre de 2001

Lo que nos lleva a **otra consecuencia del militarismo** - la **pérdida de nuestras libertades civiles**.

¡Nunca dijimos que esta guerra no iba a tener **costos**!

Mientras EEUU se **aísla en contra del mundo**, todos sufrimos las inconveniencias del incremento de las medidas de seguridad. Pero algunas de estas medidas no son simplemente inconvenientes, sino **peligrosas**.

Grrr

La "**Seguridad del País**" se ha convertido en una excusa **para eliminar las protecciones a los derechos civiles** que por mucho tiempo han sido inconvenientes para el **FBI** y otras **agencias policíacas**.

Agencias que frecuentemente han dado prioridad a la **supresión de la oposición política**.

En el nombre de la "Seguridad del País"...

Ahora puede ser usted **encarcelado indefinidamente** sin derecho a juicio.

La policía y el FBI - y aún la CIA - pueden con más facilidad **espiarle a usted** al leer su correo y su correo electrónico, al escuchar sus conversaciones telefónicas y al forzar la puerta de su casa.

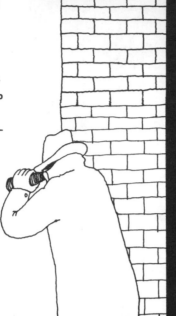

Miles de inmigrantes han sido **interrogados** simplemente por provenir de países predominantemente musulmanes.

(138)

Muchos han sido encarcelados por largos períodos a causa de sospechas infundadas.

Casi todos los estadounidenses pagamos un precio alto por el militarismo. Pero los que pagan el **precio más alto** son los millones **de soldados** enviados al extranjero a combatir.

Más de **100,000 soldados y marineros de los EEUU** han muerto en guerras en el extranjero desde que se mandaron las tropas a Corea en 1950.

(139)

Cientos de miles más han sido heridos, muchos de ellos **incapacitados de por vida.** Muchos veteranos de la Guerra del Golfo sufren los efectos del "Síndrome de la Guerra del Golfo".

Aquellos que sobreviven las guerras en las que lucharon, continúan atormentados por ellas. Medio millón de veteranos de la Guerra de Vietnam sufren el desorden de estrés postraumático - causado por el recuerdo de los horrores de la guerra. El número de veteranos **suicidas** de Vietnam, desde la guerra, es mayor al número de soldados de los EEUU que murieron durante la guerra.

(140)

Cientos de miles de veteranos militares han terminado viviendo en la calle.

(141)

Y la **matanza continúa**, aún entre guerras.

Cada año, más de mil soldados y marineros de los EEUU mueren en **accidentes militares.** Se queman en incendios en el mar, son aplastados por tanques y volados en pedazos por el fuego de la artillería que se utiliza para hacer prácticas.

PUM

ARMADA EEUU

Se rompen el cuello saltando de aviones en vientos fuertes y chocan en helicópteros que no son seguros.

¡CLAK!

¿?

(142)

Todos ellos son víctimas de la **adicción** que Washington tiene al **militarismo.** Y hay más víctimas...

Cada año, cientos de soldados y marineros **se suicidan** en el servicio activo.

Por supuesto, nadie nace con el deseo de que lo **humillen** y **traten como animal,** mucho menos de que lo asesinen. Por lo tanto, el **adoctrina-miento** a la cultura del militarismo empieza a una temprana edad.

¡Pum! ¡Pum! **¡Estás muerto!**

La televisión, las películas, los juegos de video y las tiendas de juguetes hacen que **matar** se vea no solamente glorioso sino **divertido**.

¡Come plomo, canalla!

¡Estupendo!

Los directores de las escuelas preparatorias cierran las puertas con llave y contratan a guardias armados que supuestamente protegen a los estudiantes contra traficantes de drogas, personas que manejan a las prostitutas y otros personajes peligrosos. Sin embargo, sacan la alfombra roja para los personajes más peligrosos - los reclutadores militares.

EJÉRCITO

ARMADA

FUERZA AÉREA

"MARINES"

Los que alistan reclutas, que no son tan honestos como los que venden autos usados, llegan armados con **folletos atractivos** y **promesas brillantes**.

¡Solamente firma aquí y conseguirás dinero para tus estudios universitarios y te vamos a capacitar para que seas un físico nuclear!

¡Fantástico!

Para cuando los reclutas se dan cuenta de cómo es de verdad la vida militar, ya están **atrapados**.

¡Te dije que lo lamieras! ¿Entendido? ¡Cabeza de gusano!

Generalmente, los que terminan en las **primeras filas de combate** son los chicos que no pueden encontrar trabajo o pagar para asistir a la universidad. Casi todos vienen de **familias de la clase trabajadora** y un número desproporcionado son **afro americanos, méxico-americanos, puertorriqueños, indio-americanos** y otras minorías nacionales. Como resultado, los que más **mueren** en el **campo de batalla** son los pobres.

Es por eso que el **22%** de los soldados estadounidenses que murieron en Vietnam eran negros.

Aunque los negros sólo constituyen el **12%** de la población de los EEUU.

143

La injusticia más grande es que los que inician las guerras no son los que luchan y mueren en ellas.

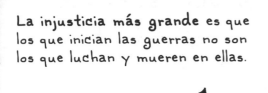

1

Mi papi me dijo que yo serviría mejor a mi país si estudio derecho y leyes.

María Cotto denunció esta injusticia. Su hermano murió en la Guerra del Golfo Pérsico:

"Los vi en la televisión diciendo que gastaban miles de millones de dólares en esto. Los vi en 'Wall Street' gritando animadamente. Fue morboso; gritaban como si fuera un juego..."

(144)

"¿No saben que esto significa que mucha gente morirá? Ellos no. Sus familias no. Sus hijos no. Gente como mi hermano".

Ismael Cotto, 27 años de edad, Bronx, Nueva York. Muerto en Arabia Saudita en enero de 1991

Para algunas personas la guerra significa excelentes ganancias y oportunidades para invertir en el extranjero...

Precios de Acciones

NOTICIAS

¡Es La Guerra!

EEUU prevalecerá
— El presiden...

Para otras personas el precio de la guerra es muy alto.

¡Misión cumplida!

¡Desafortunadamente, los costos de las guerras los pagan quienes tienen poco que ver con su inicio!

Capítulo 7
El Militarismo y los Medios de Comunicación

Entonces, ¿Por qué cada vez que hay una guerra tanta gente la apoya?

Esa es otra buena pregunta.

La mayoría de los estadounidenses no **están ansiosos** por luchar en guerras alrededor del mundo.

Tenga.

Mmmh.... déjeme pensarlo.

Para obtener apoyo público, los políticos pro-guerra se ven en la necesidad de envolver las guerras en rojo, blanco y **azul** (los colores de la bandera de EEUU) y de decirles a los estadounidenses que es su deber patriótico apoyarlas.

¿?

TIC TIC

Aún así, sería difícil convencer al pueblo sin la ayuda de los **medios de comunicación**, especialmente las cadenas de televisión. Cuando se trata de **guerra**, los medios de comunicación ni siquiera **pretenden ser objetivos.**

¡Bombardéenlos! ¡Bombardéenlos! ¡Rá, rá, rá!

Después de la Guerra del Golfo Pérsico en 1991, uno de los planificadores de guerra más importantes de la Administración de George H. W. Bush habló con un grupo de **destacados periodistas** y les agradeció su ayuda.

(145)

"[La televisión fue] nuestra principal **herramienta** al vender nuestra política".

Richard Hass, Consejo de Seguridad Nacional, 1991

Y así fue. Nos ofrecieron cobertura periodística las 24 horas del día, **patrocinado** por Exxon y General Electric y **aprobado** por el Pentágono.

¿Exactamente **cuántas vidas** se pueden **salvar** con estas nuevas armas de alta tecnología, Coronel?

Cuando el Pentágono se **prepara a invadir** un país, los medios de comunicación repiten fielmente las justificaciones oficiales para hacer la guerra y pintan cuadros monstruosos **del enemigo del momento.**

Fuentes fidedignas informaron hoy que _____ se come bebés para cenar.

Llene el espacio en blanco

Lawrence Grossman, que durante muchos años fue el gerente de los noticieros de PBS y NBC (dos de las cadenas principales de televisión de los EEUU), describió el papel de la prensa de esta manera:

"La tarea del presidente es establecer la agenda y la tarea de la prensa es **seguir la agenda** establecida por los dirigentes".

(146)

Así pues, usted recibe más o menos el **mismo mensaje** sin importar qué canal escoja.

Nuestra estrategia resulta según lo previsto...

Nuestra estrategia resulta según lo previsto...

Nuestra estrategia resulta según lo previsto...

¿Por qué todas las cadenas de televisión suenan igual? ¿Por qué todas son consumidas por la fiebre de la guerra cada vez que la Casa Blanca decide mandar tropas al extranjero?

Quizás tiene algo que ver con quién las controla.

Los propietarios de las cadenas de televisión son algunas de las corporaciones más grandes del mundo. NBC es de General Electric, CBS es de Viacom, ABC es de Disney, Fox es de la corporación noticiera de Rupert Murdock y CNN es de AOL Time Warner. Los miembros de las mesas directivas de estas corporaciones también forman parte de las mesas directivas de las manufactureras de armas y de otras empresas con grandes intereses en todas partes del mundo, incluyendo Boeing, Coca-Cola, Texaco, Chevron, EDS, Lucent, Daemler-Chrysler, Citigroup, Xerox, Phillip Morris, JP Morgan Chase, Worldcom, Rockwell Automation y Honeywell. (147)

Nuestras cadenas de televisión le dicen todo lo que necesita saber.

De hecho, las corporaciones que controlan la industria de la televisión están completamente integradas al complejo militar-industrial.

Por ejemplo, veamos el imperio de los medios de comunicación de General Electric, uno de los principales contratistas militares estadounidenses.

General Electric tiene grandes inversiones alrededor del mundo, que esperan que proteja el Pentágono. Además, es un **miembro fundador** del complejo militar-industrial.

¡Un miembro altamente respetado, debo agregar!

General Electric es el tercer contratista militar más grande del país, con ganancias de miles de millones de dólares por año. Fabrica piezas para todas las armas nucleares en el arsenal de los EEUU, produce motores para aviones militares y crea todo tipo de **aparatos electrónicos lucrativos** para el Pentágono. Además, es la empresa que secretamente derramó millones de curios de radiación letal de la planta de armas nucleares en Hanford, en el estado de Washington, y produjo **plantas de energía nuclear defectuosas** que existen en todas partes del país.

"¡Nosotros aportamos cosas buenas a la vida!"

Los altos ejecutivos de General Electric saben, desde hace mucho tiempo, que para que el Pentágono continúe la aportación de miles de millones de dólares a sus cuentas, era necesario **conseguir apoyo público** para los exorbitantes gastos militares. En 1950, Charles Wilson, el entonces presidente de la mesa directiva de General Electric (a quien el presidente Truman acababa de nombrar para dirigir **la Oficina de Movilización de la Defensa**), se dirigió a los miembros de la **Asociación de Publicistas de Periódicos** diciendo:

(148)

"Si la gente no estuviera convencida [de que el Mundo Libre está en **peligro mortal**] sería imposible para el Congreso votar a favor de **las enormes cantidades** que ahora se gastan para evitar dicho peligro. Con el apoyo de la opinión pública, adiestrada por **la prensa**, hemos tenido un buen comienzo. Es nuestra tarea- suya y mía - **mantener a nuestra gente en la convicción** de que la única manera de protegernos del desastre es **fortaleciendo el poder de EEUU**".

Charles Wilson, 1950

(Claro, Wilson y sus amigos en General Electric esperaban recibir **su parte de esas enormes cantidades**.)

Bajo la dirección de Wilson, General Electric se incorporó al negocio de los medios de comunicación con el objetivo de promover su mensaje **pro guerra**. En 1954 contrató a **un actor mediocre** llamado Ronald Reagan como **portavoz de la corporación**. Le dio a Reagan una casa totalmente eléctrica y su propio programa de televisión que se llamaba "El Teatro de General Electric".

También le proporcionó a Reagan "El Discurso", el mensaje político de General Electric para EEUU, y lo envió a todas partes del país para que lo diera a conocer. Reagan presentó variaciones del "Discurso" a lo largo de su carrera.

(149)

Mientras tanto, General Electric invertía el tiempo **en la compra de** emisoras de televisión y de radio en todas partes del país.

Entonces, en 1986, General Electric compró **su propia cadena de televisión** - NBC.

(150)

Buenas noches. Soy Tom Brokaw y éste es el programa diario de noticias de NBC.

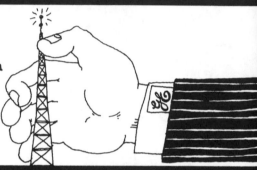

General Electric y las otras enormes corporaciones propietarias de los noticieros **difícilmente son una fuente de información libre de prejuicios**. Sin embargo, la mayoría de las noticias disponibles - sobre la guerra y la paz y cualquier otro tema - las **presentan desde su perspectiva**. Esto les da una poderosa influencia sobre la opinión pública.

Pero, su influencia no es tan completa como ellos quisieran.

Todos están unidos apoyando al presidente.

Hmmm... Oo

Capítulo 8
Resistencia al Militarismo

De hecho, existe **una fuerte oposición a las** incursiones militares en el extranjero desde las guerras méxico-americana y española-americana del siglo XIX. **El movimiento antiguerra se** fortaleció especial-mente durante la guerra para conquistar las Filipinas.

"He visto que no pretendemos liberar sino subyugar a las Filipinas. Por lo tanto soy **antiimperialista.** Me opongo a que **el águila ponga sus garras sobre cualquier otro país**...Tengo una fuerte aversión a mandar a nuestros brillantes muchachos a luchar con **un fusil deshonroso bajo una bandera contaminada**".

Mark Twain, vicepresidente de la Liga Antiimperialista, 1900

Regresemos a la era de Charles Wilson, cuando él y los medios de comunicación **movilizaron apoyo** para **la Guerra de Corea.** Al principio, tuvieron mucho éxito. Pero, a pesar de sus esfuerzos impresionantes, el apoyo **no duró mucho tiempo.** Después de que empezaran a llegar las bolsas con cadáveres, la mayoría de la gente se volvió en contra de la guerra.

¡Yo quiero que regrese mi hijo a casa! ¡Ahora!

Una vez más, el gobierno y los medios de comunicación hicieron todo lo posible para fomentar apoyo para la guerra de Vietnam. Pero con la **intensificación de la guerra,** surgió el movimiento antiguerra más grande en la historia de los EEUU. Al principio, la oposición fue **pequeña pero decidida.**

BRING OUR MEN HOME

Pero, la oposición creció **a pasos agigantados** cuando el pueblo empezó a saber lo que ocurría en Vietnam. Para 1969 había 750,000 personas en **manifestación en Washington** y muchos millones más en marchas en ciudades en todas partes del país.

En mayo de 1970, después de que la policía y las tropas de la Guardia Nacional le **dispararan a manifestantes en contra de la guerra**, mataran a cuatro estudiantes en la universidad de Kent State, en Ohio, y a dos estudiantes en la universidad de Jackson State, en Mississippi, los estudiantes de 400 universidades en todas partes del país iniciaron una huelga - **la primera huelga general estudiantil** en la historia de los EEUU. (152)

Cuando la policía disparó y mató a tres personas durante la Moratoria Chicana antiguerra en agosto de 1971, una rebelión se prolongó durante tres días en el Este de Los Ángeles.

(153)

LUCHAR CONTRA EL IMPERIALISMO JUSTICIA Y LIBERTAD !

La resistencia a la guerra tomó muchas formas. Algunas personas **se negaron a pagar los impuestos** para la guerra.

Cheque del Sueldo

Algunas personas quemaron sus **tarjetas de inscripción militar.**

¡Ni hablar, nosotros no iremos!

SERVICIO MILITAR

El más famoso opositor al reclutamiento militar fue Muhammad Ali.

¡Yo no voy a participar en una guerra del hombre blanco!

Algunas personas bloquearon las vías de los trenes que conducían tropas y municiones para la guerra.

ALTO A LA GUERRA

PAREN EL TREN

ALTO A LA GUERRA

Arrestaron a 14,000 personas cuando intentaron paralizar la ciudad de Washington D.C. durante tres días en 1971.

¡Fue el arresto masivo más grande en la historia de los EEUU!

(154)

Aún más serio para el Pentágono fue el quebrantamiento de la disciplina entre las tropas en Vietnam. Los soldados no vieron ningún motivo para luchar y se negaron a hacerlo. Para finales de los 60, casi hubo una guerra civil entre los soldados y los oficiales. Un experto militar de los EEUU informó al Pentágono sobre el estado desastroso de su ejército: (155) (156)

"Todos los indicadores imaginables revelan que nuestro ejército que permanece en Vietnam está en un estado que se acerca al fracaso. Las unidades evitan el combate o se niegan a combatir, asesinan a sus oficiales y a oficiales no comisionados, están llenas de drogas y sin ánimos cuando no están casi amotinadas".

Coronel Robert Heinl, USMC. ("Marines"), jubilado, 1971.

FTA

Un número sin precedente de soldados y marineros desertaron o se ausentaron sin permiso. Se desarrolló una resistencia organizada entre las tropas. Cientos de periódicos clandestinos de los soldados surgieron en las bases en todas partes de los EEUU y del mundo. Contingentes de soldados y marineros marcharon en las primeras filas de las manifestaciones antiguerra.

Los soldados a su regreso de Vietnam relataron al país los horrores de la guerra y se organizaron para detenerla. En abril de 1971, más de mil **veteranos de Vietnam** se juntaron en el Capitolio en Washington y arrojaron de regreso las medallas que habían recibido durante la guerra.

(157)

A finales de la década, la mayoría de la gente estaba en contra de la guerra.

El movimiento antiguerra – junto con **las luchas** que realizaron afro americanos, latinos, indígenas americanos y otros grupos oprimidos en los EEUU y el movimiento para la liberación de la mujer – le abrieron los ojos a la gente a un **sistema completo de injusticia.**

La creciente oposición a la guerra jugó un papel importante para convencer al gobierno de que **tenía que retirarse de Vietnam.**

"El punto más débil de nuestra coraza es la opinión pública estadounidense. Nuestro pueblo no se mantendrá firme ante grandes pérdidas y puede **derrumbar al gobierno**".

El presidente Lyndon Johnson, 1968

(158)

Como resultado de la guerra de Vietnam, se desarrolló un gran sentimiento antimilitar entre el pueblo estadounidense, el cual fue llamado despectivamente en los círculos oficiales el **"Síndrome de Vietnam".**

¡No hay que hablar de esa **enfermedad terrible**!

Líderes en el gobierno estadounidense tuvieron que restringir sus impulsos militares porque sabían que su pueblo no aceptaría que hubieran numerosas muertes entre sus propios soldados. Continuaron los bombardeos a otros países pero, por casi **dos décadas,** no mandaron cantidades significativas de soldados estadounidenses a pelear en el extranjero.

Hasta 1991...

Cuando George H. W. Bush mandó tropas al **Golfo Pérsico,** hubo gran aprensión entre la gente. La mayoría no quería ir a la guerra. Un poderoso movimiento anti-guerra creció más rápido que nunca en la historia de EEUU.

Pronto se llenaron las calles de manifestaciones.

Inmediatamente después del comienzo de la guerra, cientos de miles de personas se manifestaron en San Francisco y en Washington, D.C.

George, el mayor, sabía que tenía que terminar la guerra rápidamente y con pocas muertes estadounidenses o el pueblo se volvería en su contra. Cuando Irak se retiró en lugar de pelear y la guerra terminó con una **matanza unilateral,** Bush estaba eufórico.

"¡Por Dios, nos hemos librado del **Síndrome de Vietnam** de una vez por todas!"

(159) George H.W. Bush, febrero, 1991

¡EEUU es el Número 1- no se les olvide!

Después de los ataques terroristas del 11 de septiembre, George W. Bush se propuso probar los propósitos de su padre. Nos prometió una **larga y sangrienta** "Guerra Contra el Terrorismo".

(160)

"Siempre que haya alguien que esté aterrorizando a gobiernos establecidos **habrá necesidad de guerra".**

George W. Bush, octubre 17, 2001

Los estadounidenses experimentaron un horror paralizante a causa de los ataques terroristas del 11 de septiembre y las palabras belicosas de Bush encontraron un eco resonante en mucha gente. Pero muchos no se dejaron engañar tan fácilmente.

Miles de personas protestaron en contra de los planes de guerra de los EEUU en Afganistán. Washington D.C., septiembre 2001.

Después, mientras Bush hacía planes para invadir Irak, cientos de miles de personas salieron a las calles en todo el país. Pronto fue evidente que el "Síndrome de Vietnam" aún seguía vivo y saludable. Una enorme fracción del pueblo estadounidense se mantuvo profundamente escéptica con respecto a las incursiones militares en el extranjero.

Muchos de los mayores sindicatos de trabajo y federaciones de iglesias en los EEUU decidieron oponerse a la guerra. Más de 150 ciudades incluyendo Nueva York, Los Ángeles, Chicago, Filadelfia, Detroit, San Francisco y Cleveland declararon oficialmente su oposición a la guerra.

Eso nunca había pasado - ¡ni siquiera en los años 60!

¡LOS cambios de régimen empiezan en casa!

66

El mundo entero se enfureció. El **15 y 16 de febrero de 2003**, millones de personas en los EEUU y en otros **60** países participaron en la **protesta internacional más grande en la historia**.

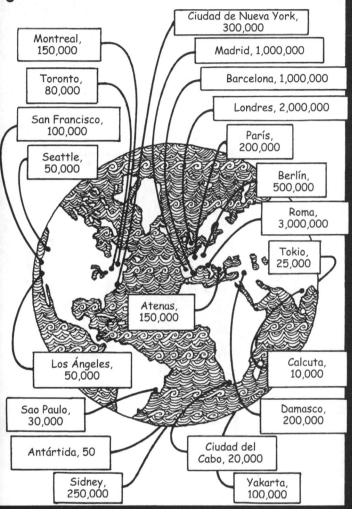

Montreal, 150,000

Toronto, 80,000

San Francisco, 100,000

Seattle, 50,000

Ciudad de Nueva York, 300,000

Madrid, 1,000,000

Barcelona, 1,000,000

Londres, 2,000,000

París, 200,000

Berlín, 500,000

Roma, 3,000,000

Tokio, 25,000

Atenas, 150,000

Los Ángeles, 50,000

Calcuta, 10,000

Sao Paulo, 30,000

Damasco, 200,000

Antártida, 50

Ciudad del Cabo, 20,000

Sidney, 250,000

Yakarta, 100,000

La gran mayoría de los estadounidenses no quería ir a la guerra. En una encuesta, la mayor parte de la gente respondió que se oponía a invadir Irak si Bush no conseguía el apoyo de las Naciones Unidas o si la guerra traía muertes significativas a las tropas estadounidenses o a civiles iraquíes. No obstante, después de que Bush inició la invasión, la **oleada pro guerra en los medios de comunicación** convenció a muchos que no deberían oponerse a la guerra porque podrían poner a las tropas de EEUU en peligro.

(161)

Los comentaristas de televisión no mencionaron que fue Bush quien nos puso en peligro en primer lugar.

Y que la mejor manera de librarnos del peligro es que nos saquen de aquí.

Hubo algunas manifestaciones pro guerra, pero no mucha gente asistió.

¡Conviertan a Bagdad en un estacionamiento!

*Operation **Iraqi** Liberation

*OIL Significa PETROLEO

La guerra **polarizó** al pueblo estadounidense y **aisló** a los EEUU internacionalmente. Y la **fea realidad** de la ocupación estadounidense de Irak **divide aún más** a la gente de EEUU y a la del resto del mundo.

¿Qué no saben que Dios está de nuestro lado?

El Próximo Capítulo
¡Haga Algo Al Respecto!

A continuación se citan algunos grupos que tratan de entenderlo...

Sólo fue posible incluir en esta lista a un número pequeño de las muchas organizaciones que llevan a cabo la educación en contra del militarismo y que organizan actividades en contra de la guerra en EEUU. El movimiento crece rápidamente y es muy diverso. Algunas de las organizaciones más dinámicas son nuevas y de índole local y no fue posible incluirlas aquí. Hay más organizaciones citadas en la dirección de Internet de Frank Dorrel (www.addictedtowar.com). Le exhortamos a comunicarse con grupos cuyas actividades sean más afines a sus preocupaciones, creencias y aptitudes. Los nombres de las siguientes organizaciones están en español y sus respectivas iniciales en inglés.

Comité de Servicio de Amigos Americanos (AFSC)
1501 Cherry Street, Philadelphia, PA 19102
Tel: 215-241-7000; Fax: 215-241-7177
Correo electrónico: afscinfo@afsc.org
Sitio de Internet: www.afsc.org

Fundada en 1917, la AFSC es una organización de los cuáqueros que incluye a personas de diferentes creencias, comprometidos con el servicio humanitario. Creemos en el valor de cada persona y tenemos fe en el poder del amor para superar la violencia y la injusticia. Nuestros programas en los EEUU, África, Asia, Europa, América Latina y el Medio Oriente se enfocan en temas relacionados con la justicia económica y social, la juventud, la construcción de la paz y la desmilitarización.

¡Democracia Ahora! con Amy Goodman
87 Lafayette, New York, NY 10013
Tel: 212-431-9272
Correo electrónico: mail@democracynow.org
Sitio de Internet: www.democracynow.org

¡Democracia Ahora! es un programa nacional de radio y televisión cuyo compromiso es traer las voces de los marginados a los medios de comunicación para hablar de temas globales y locales, entre ellos el militarismo. ¡Democracia Ahora! es transmitida en la cadena de radio Pacífica (KPFA, 94.1 FM, Berkeley; KPFK, 90.7 FM, Los Ángeles; KPFT, 90.1 FM, Houston; WBAI, 99.5 FM, Nueva York; WPFW, 89.3 FM, Washington, D.C.), en otras emisoras de radio comunitaria, "Free Speech TV" ("Dish Network" Canal 9415) y en canales de televisión de acceso público.

Línea telefónica enfocada en los derechos de los soldados
Tel: 800-394-9544; 215-563-4620 (llamadas internacionales)
Correo electrónico: girights@objector.org
Sitio de Internet: www.girights.org

Esta organización provee información a miembros de los servicios militares sobre los procedimientos para obtener bajas, para registrar quejas y demandas y otros derechos civiles. Ayuda a los que están ausentes sin permiso ("AWOL/UA"), a las víctimas de abuso y discriminación y a quienes deseen dejar los servicios militares.

Comité Central de Opositores por Conciencia (CCCO)
1515 Cherry Street, Philadelphia, PA 19102
Tel: 215-563-8787; Toll Free: 1-800-NOJROTC
Sitio de Internet: www.objector.org

El CCCO promueve la resistencia individual y colectiva a la guerra y a cualquier preparativo para la guerra. Desde 1948 ayudamos a la gente a conseguir su baja del servicio militar activo fundamentada en la objeción por conciencia, proveyendo asesoría a los que enfrentan el reclutamiento militar, las obligaciones del alistamiento y la inscripción.

Campaña Global para la Paz (GPC)
1047 Naka, Kamogawa, Chiba, Japan 296-0111
Tel: 81-470-97-1011; Fax: 81-470-97-1215
Correo electrónico: yumik@fine.ocn.ne.jp
Sitio de Internet: www.peace2001.org

Fundada después de los ataques terroristas del 11 de septiembre, la GPC apoya la educación antiguerra en los Estados Unidos y en Japón. Sus proyectos han incluido preparar carteleras publicitarias en contra de la guerra y anuncios que promueven la paz en periódicos importantes.

Hermandad de Reconciliación (FOR)
P.O. Box 271, Nyack, NY 10960
Tel: 845-358-4601; Fax: 845-358-4924
Correo electrónico: info@forusa.org
Sitio de Internet: www.forusa.org

La FOR busca sustituir la violencia, la guerra, el racismo y la injusticia económica por la no violencia, la paz y la justicia. Somos una organización de diferentes creencias religiosas que está comprometida de una manera activa con la no violencia como vía para transformar la vida y realizar cambios radicales. Educamos, capacitamos, construimos coaliciones y nos involucramos en acciones no violentas y compasivas.

Centro de Conciencia y Guerra (CCW)

1830 Connecticut Avenue, NW
Washington, DC 20009
Tel: 202-483-2220; Fax: 202-483-1246
Correo electrónico: nisbco@nisbco.org
Sitio de Internet: www.nisbco.org

La CCW fue formada en 1940 por organizaciones religiosas. Defiende los derechos de los opositores por conciencia, se opone al reclutamiento y ayuda a aquellos que desean conseguir su baja de los servicios militares y a quienes enfrentan una crisis de conciencia por haber sido reclutados. Dicha ayuda se les provée a todos sin costo alguno - ciudadanos de EEUU, inmigrantes legales e ilegales y ciudadanos de otros países.

Intercambio Global

2017 Mission Street #303
San Francisco, CA 94110
Tel: 415-255-7296; Fax: 415-255-7498
Sitio de Internet: www.globalexchange.org

Intercambio Global es una organización internacional de derechos humanos sin fines lucrativos. Ofrecemos diversos programas entre los cuales incluímos: "giras para exponer la realidad" a docenas de países, mercados de intercambio justo, campañas sobre la responsabilidad corporativa, trabajo antiguerra y promoción de una economía sostenible. A través de dichos programas buscamos una transformación desde el paradigma de valores monetarios y de violencia a uno de vida y de no violencia.

Acción para la Paz (PA)

1819 H. Street NW
Suite #420 and #425
Washington, D.C. 20006
Tel: 202-862-9740; Fax: 202-862-9762
Sitio de Internet: www.peace-action.org

La PA (antes "SANE/Freeze") trabaja para abolir las armas nucleares, para desarrollar una economía orientada hacia la paz y para poner fin al comercio internacional de armas. Promovemos soluciones no militares a los conflictos internacionales.

Centro de Acción Internacional (IAC)

39 W. 14th St. # 206, New York, NY 10011
Tel: 212-633-6646; Fax: 212-633-2889
Correo electrónico: iacenter@iacenter.org
Sitio de Internet: www.iacenter.org

Fundado por Ramsey Clark, Ex Fiscal General de los EEUU, el IAC ofrece información y organiza resistencia al militarismo de los EEUU, a la guerra y a la avaricia empresarial, enlazando estos asuntos con las luchas en contra del racismo doméstico y la opresión.

Familias Militares Alzan sus Voces (MFSO)

PO Box 549, Jamaica Plain, MA 02130.
Tel: 617-522-9323; Correo electrónico: mfso@mfso.org
Sitio de Internet: www.mfso.org
También vea: www.bringthemhomenow.org

La MFSO está integrada por gente que se opone a la guerra en Irak a pesar de tener familiares o seres queridos en los servicios militares. Empezamos con 2 familias en noviembre de 2002 y en menos de un año crecimos hasta tener más de 1,000 familias. En equipo con varios grupos de veteranos, fundamos la campaña "¡Regrésenlos a Casa AHORA!".

Liga de Resistencia a la Guerra (WRL)

339 Lafayette Street
New York, NY 10012
Tel: 212-228-0450
Correo electrónico: wrl@warresisters.org
Sitio de Internet: www.warresisters.org

La WRL es una organización pacifista fundada en 1923. Creemos en el uso de la no violencia como la manera de eliminar todas las causas de la guerra. Producimos recursos educativos (incluyendo la revista *El Activista No Violento*). Trabajamos en coalición con otros grupos que promueven la paz. Proveemos capacitación a la desobediencia civil y a la resistencia al pago de impuestos para la guerra, y vemos otras maneras para poner la conciencia en acción.

Vigilancia de la Escuela de las Américas (SOAW)

PO Box 4566
Washington, D.C. 20017
Tel: 202-234-3440; Fax: 202-636-4505
Sitio de Internet: www.soaw.org

La SOAW trabaja en solidaridad con la gente de América Latina para cambiar la opresiva política extranjera de los EEUU. Específicamente, buscamos cerrar la Escuela de las Américas/Instituto del Hemisferio Occidental para la Cooperación de la Seguridad, donde el Pentágono capacita a oficiales militares de América Latina en métodos de represión y tortura.

Oficina de las Américas (OOA)

8124 W. 3rd Street, Suite 202
Los Ángeles, CA 90048-4309
Tel: 323-852-9808
Correo electrónico: ooa@igc.org
Sitio de Internet: www.officeoftheamericas.org

La OOA es una corporación sin fines lucrativos que se dedica a fomentar la causa de la justicia y la paz a través de una amplia educación, la cual incluye delegaciones, participación en la televisión, la radio y los medios de comunicación escrita, presentaciones a clases universitarias, a escuelas preparatorias y a organizaciones cívicas y religiosas.

Educando para el Cambio (TFC)

PO Box 73038
Washington, D.C. 20056
Llamada gratuita: 1-800-763-9131
Tel: 202-588-7204; Fax: 202-238-0109
Correo electrónico: tfe@teachingforchange.org
Sitio de Internet: www.teachingforchange.org

La TFC promueve la justicia social y económica a través de la educación pública. Por medio de nuestro catálogo, capacitación y diversos apoyos, proveemos servicios y recursos en el área de Washington, D.C. y en toda la nación para maestros que imparten desde educación preescolar hasta el último año de la escuela preparatoria y para padres y educadores de maestros.

La Verdadera Mayoría (TM)
PO Box 1976, Old Chelsea Station,
New York, NY 10113-1976
Tel: 212-243-3416
Sitio de Internet: www.truemajority.com

La TM, dirigida por Ben Cohen (el fundador de la empresa de helados "Ben and Jerry's"), vigila al Congreso con respecto a temas sociales y ambientales. Cuando es necesario que su voz se escuche, usted recibirá un aviso a través del correo electrónico; al marcar "responder" usted manda un fax a su congresista. Buscamos mitigar la pesadilla nuclear, renunciar a la militarización del espacio y hacer que la globalización funcione para el pueblo trabajador y no en su contra.

Voces en el Desierto (VITW)
1460 West Carmen Ave.
Chicago, IL 60640
Tel: 773-784-8065
Sitio de internet: www.nonviolence.org/vitw

La VITW es una campaña estadounidense y británica que se une en solidaridad con la gente de Irak. Entre 1996 y 2003 más de cincuenta delegaciones viajaron a Irak para desafiar las sanciones. Miembros del "Equipo de Paz en Irak", un grupo de activistas no violentos, ha permanecido en Irak a lo largo de la invasión y la ocupación estadounidense-británica.

No en Nuestro Nombre (NION)
Tel: 212-969-8058
Correo electrónico: info@notinourname.net
Sitio de Internet: www.notinourname.net

La NION es una coalición creativa de activistas en contra de la guerra que ha llegado a ser uno de los esfuerzos de resistencia más formidables desde la Guerra de Vietnam. El "Voto de Resistencia" de NION fue creado para inspirar protesta y para mostrar solidaridad hacia los pueblos de las naciones dañadas por el militarismo de los EEUU.

Testigos por la Paz (WFP)
707 8th St., SE Suite 100
Washington, D.C. 20003
Tel.: 202-547-6112; Fax: 202-547-6103
Sitio de Internet: www.witnessforpeace.org

La WFP es una organización de base popular que trabaja por la paz, por la justicia y por economías sostenibles en América Latina y en el Caribe. Intentamos cambiar las políticas estadounidenses y las prácticas de las corporaciones que contribuyen a la pobreza y a la opresión. Nuestros programas incluyen "Testimonios individuales", "Giras de Presentación" y "Llamada Semanal".

Veteranos por la Paz (VFP)
438 N. Skinker
St. Louis, MO. 63130
Tel: 314-725-6005
Correo electrónico: vfp@igc.org
Sitio de Internet: www.veteransforpeace.org

La VFP es una organización de hombres y mujeres que prestaron sus servicios en los servicios militares y que ahora trabajan para la abolición de la guerra. Nosotros educamos a nuestros conciudadanos sobre los verdaderos costos del militarismo, trabajamos para lograr un cambio en las prioridades nacionales y dirigimos proyectos para sanar las heridas de la guerra.

Liga Internacional de Mujeres a Favor de la Paz y la Libertad (WILPF)
1213 Race Street
Philadelphia, PA 19107
Tel: 215-563-7110; Fax: 215-563-5527
Correo electrónico: wilpf@wilpf.org
Sitio de Internet: www.wilpf.org

La WILPF utiliza medidas pacíficas para lograr el desarme mundial, los derechos plenos de la mujer, la justicia racial y económica y el cese de cualquier forma de violencia. Buscamos establecer condiciones políticas, sociales y psicológicas para asegurar la paz, la libertad y la justicia para todos.

Créditos de Fotografía y Dibujo

Página 3:	Artista desconocido
Página 4, arriba:	J.E. Taylor, J. Karst
Página 4, abajo:	Sociedad Histórica de Nueva York
Página 6:	"U.S. Army Signal Corps"
Página 7, arriba:	Mayol
Página 7, en medio:	Archivos Nacionales de EEUU
Página 7, abajo:	W.A. Rogers
Página 9, arriba:	Archivo de Karen Glynn y Eddie Becker
Página 9, abajo:	Gobierno de EEUU ("Forward March")
Página 11:	Yosuke Yamahata
Página 13:	Departamento de Defensa de EEUU
Página 14:	Colección de Ngo Vinh Long
Página 15, arriba y abajo:	Departamento de Defensa de EEUU
Página 20:	Mary Martin
Página 25, arriba y abajo a la izquierda:	Comisión de Investigaciones para el Tribunal Internacional de Crímenes de Guerra
Página 25, derecha:	New York Times
Página 31:	Amir Shah, Associated Press
Página 34:	Muhammed Muheisen, Associated Press
Página 35:	Associated Press
Página 36:	Saurabh Das, Associated Press
Página 53:	John Schreiber
Página 61:	Harvey Richards, Liga de Resistencia a la Guerra
Página 62, arriba:	Brian Shannon
Página 62, abajo:	John Gray
Página 64, arriba:	Bernard Edelman
Página 64, abajo:	Flax Hermes
Página 65:	Steven Gross
Página 66, arriba:	Deirdre Griswold, Centro de Acción Internacional
Página 66, abajo:	Bill Hackwell

Notas de Referencia

1. Para información actualizada sobre el presupuesto militar de EEUU vea el sitio de internet del Centro para Información sobre Defensa (www.cdi.org). Los gastos discrecionales deben ser anualmente proporcionados por el Congreso, a diferencia de los artículos obligatorios del presupuesto como los beneficios del seguro social y los pagos de interés para la deuda nacional.

2. Giles citado en Howard Zinn, *A People's History of the United States* (*Historia del Pueblo de los EEUU*), Nueva York: Harper-Collins, 1980, p. 153.

3. Zinn, pp. 125-146; Dee Brown, *Bury My Heart at Wounded Knee: An Indian History of the American West* (*Entierren Mi Corazón en "Wounded Knee": Una Historia Indígena del Oeste Estadounidense*), Nueva York: Holt, Rinehart & Winston, 1971.

4. Black Elk (*Uapití Negro*) citado en Brown, p. 419.

5. Zinn, pp. 147-166.

6. Denby citado en David Healy, *U.S. Expansionism: The Imperialist Urge in the 1890s* (*Expansionismo Estadounidense: El Impulso Imperialista en los 1890's*), Madison, WI: University of Wisconsin Press, 1970, pp. 122-123.

7. Platt citado en Healy, p. 173.

8. Roosevelt citado en Zinn, p. 290.

9. Zinn, pp. 290-305; Beveridge citado en Zinn, p. 306.

10. Beveridge citado en Healy, p. 174.

11. Beveridge citado en Rubin Westin, *Racism in U.S. Imperialism* (*Racismo en el Imperialismo Estadounidense*), Columbia, SC: University of South Carolina Press, 1972, p. 46

12. Zinn, pp. 305-313; Michael Parenti, *The Sword and the Dollar* (*La Espada y El Dólar*), Nueva York: St. Martins Press, 1989, pp. 42-43.

13. Zinn, pp. 290-305.

14. Hawaii: Joseph Gerson, "The Sun Never Sets" ("El Sol Nunca se Pone"), en Joseph Gerson, ed., *The Sun Never Sets - Confronting the Network of Foreign U.S. Military Bases* (*El Sol Nunca se Pone - Enfrentando la Red de Bases Militares Estadounidenses en el Extranjero*), Boston: South End Press, 1991, pp. 6,10; Panamá: T. Harry Williams, y otros, *A History of the United States [Since 1865]* (*Historia de EEUU [desde 1865]*), Segunda edición, Nueva York: Alfred A. Knopf, 1965, pp. 372-373.

15. David Cooney, *A Chronology of the U.S. Navy: 1775-1965* (*Cronología de la Armada Estadounidense: 1775-1965*), Nueva York: Franklin Watts, 1965, pp. 181-257.

16. Catherine Sunshine, *The Caribbean: Struggle, Survival and Sovereignty* (*El Caribe: Lucha, Sobrevivencia y Soberanía*), Boston: South End Press, 1985, p. 32.

17. George Black, *The Good Neighbor* (*El Buen Vecino*), Nueva York: Pantheon Books, 1988, pp. 31-58; Sunshine, pp. 28-34.

18. Taft citado en William Appleman Williams, *Americans in a Changing World* (*Estadounidenses en un Mundo Cambiante*), Nueva York: Harper & Row, 1978, pp. 123-124.

19. Reporte de periódico citado en Westin, p. 226.

20. Sunshine, p. 83.

21. Ésta y las siguientes citas de Smedley Butler provienen de *War Is a Racket* (*La Guerra es Pura Mafia*), Nueva York: Round Table Press, 1935; reproducido en www.veteransforpeace.org/war_is_a_racket_033103.htm

22. Page citado en William Foster, *Outline Political History of the Americas* (*Bosquejo de la Historia Política de las Américas*), Nueva York: International Publishers, 1951, p. 362.

23. Foster, p. 360.

24. Concilio de Relaciones Exteriores/ Declaración de la Política del Departamento de Estado de EEUU citado en Lawrence Shoup y William Minter, *Imperial Brain Trust: The Council on Foreign Relations and U.S. Foreign Policy* (*Custodia de Cerebro Imperial: Concilio de Relaciones Exteriores y Política de EEUU en el Extranjero*), Nueva York: Monthly Review, 1977, p. 130.

25. Memorándum del Concilio de Relaciones Exteriores citado en Shoup y Minter, p. 170.

26. *Hiroshima-Nagasaki: A Pictorial Record of the Atomic Destruction* (*Hiroshima-Nagasaki: Registro Gráfico de la Destrucción Atómica*), Tokio: Comité de Publicaciones Hiroshima-Nagasaki, 1978, p. 17.

27. Truman citado en Paul Boyer, *By the Bombs' Early Light: American Thought and Culture at the Dawn of the Atomic Age* (*Por la Luz Temprana de las Bombas: Pensamiento y Cultura Estadounidense en el Amanecer de la Era Atómica*), Nueva York: Pantheon, 1985.

28. La intención del bombardeo también fue evitar que Rusia se involucrara en la guerra contra Japón: Zinn, pp. 413-415.

29. Welch citado en Victor Perlo, *Militarism and Industry: Arms Profiteering in the Missile Age* (*Militarismo e Industria: Lucro Armamentista en la Era del Misil*), Nueva York: International Publishers, 1963, p. 144.

30. Gerson, p. 12.

31. Tribunal Internacional de Crímenes de Guerra en Corea, *Report on U.S. Crimes in Korea: 1945-2001* (*Reporte de Crímenes Estadounidenses en Corea: 1945-2001*), Washington D.C.: "Korea Truth Commission Task Force" ("Comité de la Comisión de la Verdad en Corea"), 2001, p. xi; *Encyclopedia Britannica* (*Enciclopedia Británica*), 1967 ed., v. 13, p. 475; Depto. de Defensa de EEUU, *Selected Manpower Statistics, Fiscal Year 1984* (*Estadísticas Seleccionadas del Mercado Obrero, Año Fiscal 1984*), Washington D.C., 1985, p. 111.

32. Sunshine, p. 142; Black, p. 118.

33. Noam Chomsky, "Patterns of Intervention," ("Patrones de Intervención"), en Joseph Gerson, ed., *The Deadly Connection: Nuclear War and U.S. Intervention* (*La Conexión Mortal: Guerra Nuclear e Intervención Estadounidense*), Filadelfia: New Society, 1986, p. 66; Zinn, p. 469; Sean Murphy y otros, *No Fire, No Thunder: The Threat of Chemical and Biological Weapons* (*Sin Fuego, Sin Relámpago: La Amenaza de las Armas Químicas y Biológicas*), Nueva York: Monthly Review, 1984, pp. 22-24, 64, 78-79; Parenti, p. 44; Depto. de Defensa de EEUU, *Selected Manpower Statistics* (*Estadísticas Seleccionadas del Mercado Obrero*); Marilyn Young, *The Vietnam Wars: 1945-1990* (*Las Guerras de Vietnam: 1945-1990*), Nueva York: Harper-Collins, 1991.

34. Robert Fisk, *Pity the Nation: Lebanon at War* (*Compadezca a la Nación: El Líbano en Guerra*), Oxford: Oxford University Press, 1992; Sandra Mackey, *Lebanon: Death of a Nation* (*El Líbano: Muerte de una Nación*), Nueva York: Congdon & Weed, 1989.

35. Black, p. 156.

36. Schultz citado en Black, p. 156.

37. Noam Chomsky, *The Culture of Terrorism* (*La Cultura del Terrorismo*), Boston: South End Press, 1988, p. 29; Associated Press, "Libyan Court Wants Americans Arrested for 1986 Bombing" ("Tribunal Libanés Quiere Arrestar Estadounidenses por el Bombardeo de 1986"), mar. 22, 1999.

38. Noam Chomsky, *Fateful Triangle: The United States, Israel & The Palestinians* (*El Triángulo del Destino: EEUU, Israel y los Palestinos*), Cambridge, MA: South End Press, 1999.

39. William Blum, *Killing Hope: U.S. Military and CIA Interventions Since World War II* (*Matando la Esperanza: Intervenciones Militares de EEUU y de la CIA desde la Segunda Guerra Mundial*), Monroe, ME: Common Courage Press, 1995.

40. Jack Nelson-Pallmeyer, *School of Assassins* (*Escuela de Asesinos*), Maryknoll, Nueva York: Orbis Books, 1999.

41. Charles Bergquist, y otros, *Violence in Colombia: The Contemporary Crisis in Historical Perspective* (*Violencia en Colombia: La Crisis Contemporánea en Perspectiva Histórica*), Wilmington, DE: Scholarly Resources, 1992; W.M. Leo Grande y K. Sharpe, "A Plan, But No Clear Objective" ("Un Plan Pero No Un Objetivo Claro"), *Washington Post*, abr. 1, 2001; Mark Cook, "Colombia, the Politics of Escalation" ("Colombia, la Política del Incremento"), *Covert Action Quarterly*, Otoño/Invierno 1999.

42. Peter Wyden, *Bay of Pigs: The Untold Story* (*Bahía de Cochinos: La Historia No Contada*), Nueva York: Simon & Schuster, 1979.

43. Richard Leonard, *South Africa at War: White Power and the Crisis in Southern Africa* (*Sudáfrica en Guerra: El Poder del Hombre Blanco y la Crisis en Sudáfrica*), Westport, CT: Lawrence Hill, 1983; Richard Bloomfield, ed., *Regional Conflict and U.S. Policy: Angola and Mozambique* (*Conflicto Regional y Política de EEUU: Angola y Mozambique*), Algonac, MI: Reference Publications, 1988; Alex Vines, *RENAMO: Terrorism and Mozambique* (*RENAMO: Terrorismo y Mozambique*), Bloomington, IN: Indiana University Press, 1991; Joseph Hanlon y James Currey, *Mozambique: Who Calls the Shots?* (*Mozambique: ¿Quién Toma las Decisiones?*), Londres: Zed, 1991.

44. Reagan citado en Black, p. 170.

45. John K. Cooley, *Unholy Wars: Afghanistan, America and International Terrorism* (*Guerras Profanas: Afganistán, EEUU y Terrorismo Internacional*), Londres: Pluto Press, 2000.

46. Chalmers Johnson, "American Militarism and Blowback" ("Militarismo Estadounidense y Sus Consecuencias"), en Carl Boggs, ed., *Masters of War: Militarism and Blowback in the Era of American Empire* (*Los Amos de la Guerra: El Militarismo y Sus Consecuencias en la Era del Imperio Estadounidense*), Nueva York: Routledge, 2003, pp. 113-115.

47. Documento del Concilio de Seguridad Nacional citado en el *New York Times*, feb. 23, 1991.

48. Doug Ireland, "Press Clips" ("Recortes de la Prensa"), *Village Voice*, nov. 13, 1990.

49. Tim Wheeler, "Reagan, Noriega and Citicorp" ("Reagan, Noriega y Citicorp"), *People's Daily World*, feb. 25, 1988.

50. Kenneth Sharpe y Joseph Treaster, "Cocaine Is Again Surging Out of Panama" ("La Cocaína Está Otra Vez Surgiendo de Panamá"), *New York Times*, ago. 13, 1991.

51. Tom Wicker, "What Price Panama?" ("¿Qué Precio Panamá?"), *New York Times*, jun. 15, 1990; Nathaniel Sheppard, Jr., "Year Later, Panama Still Aches" ("Un Año Después, Panamá Sufre Todavía"), *Chicago Tribune*, dic. 16, 1990, p. 1; Associated Press, "Ex-Senator Says U.S. Massacred Panamanians" ("Ex Senador Dice que EEUU Masacró a Panameños") *Chicago Tribune*, nov. 15, 1990.

52. Daniel Yergin, *The Prize: The Epic Quest for Oil, Money, and Power* (*El Premio: La Búsqueda Épica por el Petróleo, el Dinero y el Poder*), Nueva York: Simon & Schuster, 1991, p. 200-202; Michel Moushabeck, "Iraq: Years of Turbulence" ("Irak: Años de Turbulencia"), en Phyllis Bennis y Michel Moushabeck, eds., *Beyond the Storm: A Gulf Crisis Reader* (*Más allá de la Tormenta: Una Colección de Artículos Acerca de la Crisis del Golfo*), Nueva York: Olive Branch Press, 1991, p. 26-28.

53. Declaración del Departamento de Estado de EEUU citado en Joseph Gerson, y otros, "The U.S. in the Middle East" ("EEUU en el Oriente Medio"), en Gersen, ed., *Deadly Connection* (*Conexión Mortal*), p. 167.

54. Michael Tanzer, *The Energy Crisis: World Struggle for Power and Wealth* (*La Crisis de Energía: La Lucha Mundial por el Poder y la Riqueza*), Nueva York: Monthly Review, 1974.

55. El partido Ba'ath pronto fue expulsado del gobierno pero regresó al poder en un golpe de estado en 1968, el cual también fue apoyado por la CIA (Roger Morris, "A Tyrant 40 Years in the Making" ["Un Tirano Formado Durante 40 Años"]), *New York Times*, mar. 14, 2003; Moushabeck, p. 29-30.

56. Kissinger citado en Hans von Sponek y Denis Halliday, "The Hostage Nation" ("La Nación Rehén"), *The Guardian*, nov. 29, 2001.

57. Alan Friedman, *Spider's Web: The Secret History of How the White House Illegally Armed Iraq* (*Telaraña: La Historia Secreta de Cómo la Casa Blanca Armó Ilegalmente a Irak*), Nueva York: Bantam Books, 1993; Clyde Farnsworth, "Military Exports to Iraq Under Scrutiny, Congressional Aides Say" ("Asistentes del Congreso Reportan que Exportaciones Militares a Irak Están Bajo Escrutinio"), *New York Times*, jun. 24, 1991; Michael Klare, "Behind Desert Storm: The New Military Paradigm" ("Detrás de la Tormenta del Desierto: El Nuevo Paradigma Militar"), *Technology Review*, may.-jun. 1991, p. 36; Philip Shenon, "Iraq Links Germs for Weapons to U.S. and France" ("Irak Conectó Gérmenes para Armas de EEUU y Francia"), *New York Times*, mar. 16, 2003.

58. Christopher Dickey y Evan Thomas, "How Saddam Happened" ("Cómo Surgió Saddam"), *Newsweek*, sept. 23, 2002; Elaine Sciolino, "Iraq Chemical Arms Condemned, But West Once Looked the Other Way" ("Armas Químicas Iraquíes Condenadas, Aunque el Oeste Alguna Vez las Ignoró"), *New York Times*, feb. 13, 2003.

59. Philip Green "Who Really Shot Down Flight 655?" ("¿Quién Realmente Derribó el Vuelo 655?"), *The Nation*, ago. 13-20, 1988, pp. 125-126.

60. Bush citado en Yergin, p. 773.

61. Hitchins; Bush citado en *Newsweek*, ene. 7, 1991, p.19.

62. Michael Klare, "High Death Weapons of the Gulf War" ("Armas de Alta Mortandad de la Guerra del Golfo"), *The Nation*, jun. 3, 1991; Malcolm Browne, "Allies Are Said to Choose Napalm for Strikes on Iraqi Fortifications" ("Se Reporta que los Aliados Escojen 'Napalm' para Atacar Fortalezas Iraquíes"), *New York Times*, feb. 23, 1991; John Donnelly, "Iraqi cancers offer clues to Gulf War Syndrome: Uranium residue a prime suspect" ("Cánceres en Irak ofrecen claves sobre el Síndrome de la Guerra del Golfo: se sospecha que Residuos de Uranio son los principales causantes"), *Miami Herald*, abr. 6, 1998.

63. Bush citado en Mitchel Cohen, "'What We Say Goes!': How Bush Senior Sold the Bombing of Iraq" ("¡Lo que Nosotros Decimos se Cumple!: Cómo George Bush el Mayor Vendió el Bombardeo de Irak"), *Counterpunch*, dic. 28, 2002.

64. Middle East Watch, *Needless Deaths in the Gulf War: Civilian Casualties During the Air Campaign and Violations of the Laws of War* (*Bajas Innecesarias en la Guerra del Golfo: Muertes de Civiles Durante el Ataque Aéreo y Violaciones a las Leyes de Guerra*), Nueva York: Human Rights Watch, 1991; Mark Fireman, "Eyewitnesses Report Misery, Devastation in the Cities of Iraq" ("Testigos Reportan Miseria, Devastación en las Ciudades Iraquíes"), *Seattle Times*, feb. 5, 1991; George Esper, "500 Die in Bombed Shelter in Baghdad" ("500 Mueren en Casa de Asilo Bombardeada en Baghdad"), *Chicago Sun Times*, feb. 13, 1991; David Evans, "Study: Hyperwar Devastated Iraq" ("Estudio: Hiperguerra Devastó a Irak"), *Chicago Tribune*, may. 29, 1991.

65. "War Summary: Closing the Gate" ("Resumen de Guerra: Cerrando la Puerta"), *New York Times*, feb. 28, 1991; *Associated Press*, "Army Tanks Buried Iraqi Soldiers Alive" ("Tanques del Ejército Enterraron Soldados Iraquíes Vivos"), *Greeley Tribune*, sept. 12, 1991.

66. Bush citado en Robert Borosage, "How Bush kept the guns from turning into butter" ("Cómo Bush evitó que las armas se convirtieran en mantequilla)", *Rolling Stone*, feb. 21, 1991, p. 20.

67. Ramsey Clark, *The Fire This Time: U.S. War Crimes in the Gulf* (*El Fuego Esta Vez: Crímenes de Guerra Estadounidenses en el Golfo*), Nueva York: International Action Center, 2002, pp. 64-64, 209; Thomas Nagy, "The Secret Behind the Sanctions: How the U.S. Intentionally Destroyed Iraq's Water Supply" ("El Secreto Detrás de las Sanciones: Cómo EEUU Intencionalmente Destruyó la Fuente de Agua en Irak"), *The Progressive*, sept. 2001.

68. John Pilger, "Collateral Damage" ("Daño Colateral"), en Anthony Arnove, ed., *Iraq Under Siege: The Deadly Impact of Sanctions and War* (*Irak Bajo Asedio: El Impacto Mortal de las Sanciones y la Guerra*), Cambridge, MA: South End Press, 2000, pp. 59-66.

69. Noam Chomsky, *A New Generation Draws the Line: Kosovo, East Timor and the Standards of the West* (*Una Nueva Generación Marca La Línea: Kosovo, Timor Oriental y los Estándares del Oeste*), Londres: Verso, 2001, p. 11.

70. Nick Wood, "U.S. 'Covered Up' for Kosovo Ally" ("EEUU 'Encubierto' como Aliado de Kosovo"), *London Observer*, sept. 10, 2000; Norman Kempster, "Crisis in Yugoslavia, Rebel Force May Prove to be a Difficult Ally" ("Crisis en Yugoslavia, Fuerza Rebelde Puede Convertirse en Aliado Difícil"), *Los Angeles Times*, abr. 1, 1999; Diana Johnstone, "Hawks and Eagles: 'Greater NATO' Flies to the Aid of 'Greater Albania'" ("Halcones y Águilas: 'La Gran OTAN' Vuela a Ayudar a 'La Gran Albania'"), *Covert Action Quarterly*, Primavera/Verano, 1999, p. 6-12.

71. Noam Chomsky, *The New Military Humanism: Lessons from Kosovo* (*El Nuevo Humanismo Militar: Lecciones desde Kosovo*), Monroe, ME: Common Courage Press, 1999.

72. Bin Laden citado en *Wall Street Journal*, oct. 7, 2001.

73. Bush citado en "The President's Words" ("Las Palabras del Presidente"), *Los Angeles Times*, sept. 22, 2001.

74. Bosch citado en Alexander Cockburn, "The Tribulations of Joe Doherty" ("Las Tribulaciones de Joe Doherty"), *Wall Street Journal*, reimpreso en el *Congressional Record*, ago. 3, 1990, p. E2639.

75. En el mismo lugar citado; John Rice, "Man with CIA Links Accused of Plotting to Kill Castro" ("Hombre con Conexiones a la CIA Acusado de Planear el Asesinato de Castro"), *Associated Press*, nov. 18, 2000; Frances Robles y Glenn Garvin, "Four Held in Plot Against Castro" ("Cuatro Detenidos en Complot Contra Castro"), *Miami Herald*, nov. 19, 2000; Jill Mullin, "The Burden of a Violent History" ("La Carga de Una Historia Violenta"), *Miami New Times*, abr. 20, 2000.

76. Joe Conason, "The Bush Pardons" ("Los Perdones de Bush") http:// archive.salon.com/news/col/cona/2001/02/27/pardons/

77. Bosch citado en Cockburn.

78. Blum.

79. Una investigación limitada documentó 824 muertes de civiles causadas por la campaña de bombardeo dirigida por EEUU (www.globalexchange.org/ countries/ afghanistan/apogreport.pdf). Una investigación más completa basada en reportes de la prensa estimó que las bombas estadounidenses mataron entre 3,100 y 3,600 civiles afganos (Marc Herold, "U.S. bombing and Afghan civilian deaths: The official neglect of unworthy bodies" ["Bombardeo por EEUU y muertes de civiles afganos: La indiferencia oficial ante cadáveres indignos"]), *International Journal of Urban and Regional Research*, sept. 2002, pp. 626-634; también vea:

http:// pubpages.unh.edu/ ~mwherold).

Muchos más murieron porque el bombardeo evitó la entrega de provisiones de alivio.

80. Seymour Hersh, "The Other War: Why Bush's Afganistan problem won't go away" ("La Otra Guerra: Por qué el problema de Afganistán no desaparecerá para Bush"), *New Yorker*, abr. 12, 2004.

81. Bush citado en Barry Horstman, "We cannot wait for a mushroom cloud" ("No podemos esperar a un hongo nuclear"), *Cincinnati Post*, oct. 8, 2002.

82. Para información actualizada acerca de la manipulación de evidencia, vea Sheldon Rampton y John Stauber, *Weapons of Mass Deception: The Uses of Propaganda in Bush's War on Iraq* (*Armas de Decepción Masiva: El Uso de Propaganda en la Guerra de Bush Contra Irak*), JP Tarcher, jul., 2003. El propósito principal de la invasión de Irak fue expuesto en el documento político *Rebuilding America's Defenses* (*Reconstruyendo las Defensas Estadounidenses*) publicado en septiembre del 2000 por el Project for a New American Century (Proyecto para un Nuevo Siglo Estadounidense- con iniciales en Inglés PNAC). Dick Cheney, Donald Rumsfeld, Paul Wolfowitz y Richard Perle, integrantes del PNAC, terminaron siendo miembros esenciales de la nueva administración Bush y dicho documento se utilizó como el diseño para la agresiva política en el extranjero. Los autores declararon: "Por décadas EEUU se ha empeñado en asumir un papel más permanente en la seguridad regional en el Golfo. Mientras las hostilidades con Irak proveen una justificación inmediata, la necesidad de una abundante fuerza militar estadounidense en el Golfo trasciende la situación con el régimen de Saddam Hussein". El documento se puede hallar en la página de internet :

www.newamericancentury.org/RebuildingAmericasDefenses.pdf.

83. Un equipo de investigación de *Associated Press* analizó los datos de 60 hospitales iraquíes (menos de la mitad del número total) y encontraron evidencia clara de por lo menos 3,240 muertes de civiles a causa de la guerra (Niko Price, "First Tally Puts Iraqi Civilian Deaths at 3,240" ["El Primer Conteo pone el Total de Muertes de Civiles en Irak en 3,240]"), *Atlanta Journal-Constitution*, jun. 10, 2003. Un cuidadoso análisis de reportes de prensa indica que entre

9,137 y 10,994 civiles iraquíes habían muerto para mediados de mayo del 2004 (www.iraqibodycount.net).

84. Un oficial superior de la administración Bush no identificado citado en "Pentagon Expects Long-Term Access to Key Iraq Bases" ("El Pentágono Espera Tener Acceso a Largo Plazo en Bases Importantes de Irak"), *New York Times*, abr., 2003.

85. La presión para convertir a Irak en una base para tropas estadounidenses se incrementó, presumiblemente, después de revelarse el hecho de que dichas tropas tendrían que evacuar Arabia Saudita (vea a David Rennie, "America to Withdraw Troops from Saudi Arabia" ("Los Estados Unidos Retirarán las Tropas ubicadas en Arabia Saudita"), *Telegraph*, abr., 2003. Para un análisis acerca de la importancia estratégica de los depósitos petroleros de Iraq y el resto del Oriente Medio, vea a Michael Klare, *Resource Wars: The New Landscape of Global Conflict* (*Las Guerras por los Recursos Naturales: El Nuevo Escenario del Conflicto Global*) Nueva York: Henry Holt, 2001.

86. Kareem Fahim, "Recalling Ahmed Chalabi" ("Revocación de Ahmed Chalabi"), *The Village Voice*, abr. 9-15, 2003; John Cassidy, "Beneath the sand: Can a shattered country be rebuilt with oil?" ("Bajo la arena: ¿Podrá un país destrozado ser reconstruído con petróleo?") *New Yorker*, jul. 14, 2003. Chalabi citado en "In Iraqi War Scenario, Oil is a Key Issue", ("El Petróleo: Tema Clave en el Escenario de la Guerra Iraquí"), *Washington Post*, sep. 15, 2002. Aunque Chalabi continúa favoreciendo la privatización de la industria petrolera, por ahora los oficiales estadounidenses han abandonado la idea de la privatización para evitar alborotar sentimientos antiestadounidenses (Chip Cummins, "State-run oil company is being weighed for Iraq" ["Compañía petrolera del gobierno bajo evaluación para ser establecida en Irak"]), *Wall Street Journal*, ene. 7, 2004.

87. Powell citado en *The Economist*, abr. 5, 2003. Para un análisis de los resultados de "cambios de gobiernos" iniciados por los EEUU en otras instancias, vea William Blum, *Killing Hope: U.S. Military and CIA Interventions Since World War II* (*Matando la Esperanza: Intervenciones Militares Estadounidense y de la CIA Desde la Segunda Guerra Mundial*), Monroe, ME: Common Courage Press, 1995.

88. Sabrina Tavernise, "U.S. Tells Iraq Oil Ministers Not to Act Without Its OK" ("EEUU Dice a los Ministros de la Industria Petrolera en Irak que No Actúen sin Su Consentimiento"), *New York Times*, abr. 30, 2003; "To the victor go the spoils in Iraq Reconstruction" ("Al ganador le toca el botín en la reconstrucción de Irak"), *Reuters*, abr. 15, 2003; "The Oil Spoils" ("El Petróleo Corrompe"), *The Nation*, jun. 16, 2003.

89. Edward Wong, "Direct Election of Iraq Assembly Pushed by Cleric" ("Clérigo Promueve Elecciones Directas para la Asamblea Iraquí"), *New York Times*, ene. 12, 2004; Steven Weisman, "Bush Team Revising Planning for Iraqi Self-Rule" ("El Equipo de Bush Modifica el Plan para el Autogobierno Iraquí"), *New York Times*, ene. 13, 2004. Bremer citado en Booth y Chandrasekaran, "Occupation Forces Halting Elections Throughout Iraq" ("Fuerzas de Ocupación Detienen Elecciones en Todo Irak"), *Washington Post*, jun. 28, 2004.

90. Seymout Hersh, "Torture at Abu Ghraib" ("Tortura en Abu Ghraib") *New Yorker*, may. 10, 2004. Prisioneros detenidos en Afganistán y en Guantánamo, Cuba, fueron similarmente maltratados, indicando la aplicación sistemática de tortura y abusos aprobados a los más altos niveles administrativos (Seymour Hersh, "The Gray Zone" ["La Zona Gris"]), may. 24, 2004.

91. Ashcroft continuó diciendo: "Les ayudaremos a fijar dicha libertad permanente al establecer un sistema de justicia criminal equitativo basado en la regla de la ley y en los estándares básicos de derechos humanos." Un miembro del equipo escogido por Ashcroft , Lane McCotter, fue obligado a renunciar como director del sistema de prisiones de Utah, después de que surgió un escándalo de abuso de prisioneros. A este individuo le fue asignada la rehabilitación de la infame prisión de Hussein, Abu Ghraib, la cual resurgió como una institución notable en manos de los EEUU (Fox Butterfield, "Mistreatment of Prisoners Is Called Routine in U.S." ["El Maltrato de

Prisioneros es Parte de la Rutina en los EEUU"]), *New York Times*, may. 8, 2004.

92. Alex Gourevitch, "Exporting Censorship to Iraq" ("Exportando la Censura a Irak"), *American Prospect*, oct. 1, 2003; Amnesty International, *Iraq: One Year On the Human Rights Situation Remains Dire* (*Irak: Un Año Después, Los Derechos Humanos Permanecen en Circunstancias Deplorables*), (vea web.amnesty.org).

93. Bush citado en "U.S. Attributes Explosion at Iraqi Mosque to Bomb-Making Activity" ("EEUU Atribuye Explosión en Mezquita Iraquí a Actividad de Construcción de Bombas"), *New York Times*, jul. 3, 2003.

94. Noticias de la BBC, "Picture Emerges of Falluja Siege" ("Nueva Perspectiva Surge Sobre el Asedio de Falluja"), abr. 23, 2004 (www.bbc.co.uk).

95. Soldado estadounidense no identificado, citado en David Rhode, "Search for Guns in Iraq and Surprise Under a Robe" ("Búsqueda de Armas en Irak y Sorpresa Bajo un Manto"), *New York Times*, jun. 3, 2003.

96. Thom Shanker, "Rumsfeld Doubles Estimate For Cost of Troops in Iraq; General Says U.S. Expects to Keep Force at 145,000 'For the Foreseeable Future'" ("Rumsfeld Duplica el Presupuesto del Costo de Tropas en Irak; General Dice que EEUU Espera Mantener Fuerzas en 145,000 'Para un Futuro Inmediato'") *New York Times*, jul. 10, 2003. Desde mayo 14, 2004, la cifra de las víctimas entre tropas estadounidenses llegó a 782 muertos y más de 4,490 heridos; Las muertes estadounidenses en Afganistán desde octubre 2001 alcanzaron a 119 (para obtener cifras actualizadas, vea www.antiwar.com).

97. Agente de un grupo de la CIA no identificado y miembros de Fuerzas Especiales Paramilitares citados en Bob Woodward, *Bush at War* (*Bush en Guerra*), Nueva York: Simon & Schuster, 2002, p. 352.

98. Para información actualizada sobre contratos militares estadounidenses, vea el sitio de internet del Centro para Información de Defensa, www.cdi.org.

99. Hartung.

100. Robert Bryce, "The Candidate from Brown & Root" ("El Candidato de la Empresa 'Brown & Root'"), *The Austin Chronicle*, ago. 25, 2000.

101. Jane Mayer, "Contract Sport: What did the Vice-President do for Halliburton?" ("El Deporte de Contratar: ¿Qué hizo el Vice Presidente por Halliburton?") *New Yorker*, feb. 16 y 23, 2004.

102. En el 2000, Cheney se retiró de Haliburton para lanzarse como vice presidente pero se quedó con $18 millones en acciones en la bolsa y sigue recibiendo aproximadamente $150,000 anuales en compensación diferida (Mayer).

103. Katherine Seelye, "Cheney's Five Draft Deferments During the Vietnam Era Emerge as a Campaign Issue"("Los Cinco Aplazamientos Militares de Cheney Durante la Era de Vietnam Causa Disputas Durante la Campaña Presidencial"), *New York Times*, may. 1, 2004. Jon Wiener, "Hard to Muzzle: The Return of Lynne Cheney" ("Difícil de Silenciar: El Regreso de Lynne Cheney"), *The Nation*, oct. 2, 2000.

104. Seymour Hersh, "Lunch with the Chairman: Why was Richard Perle Meeting with Adnan Khashoggi?" ("Almuerzo con el Jefe: ¿Por qué Richard Perle tuvo una Cita con Adnan Khashoggi?") *New Yorker*, mar. 17, 2003, p. 76-81.

105. Vea, por ejemplo, una propuesta política de 1996 titulada "A Clean Break: A New Strategy for Securing the Realm" ("Un Nuevo Comienzo: Una Nueva Estrategia Para Asegurar el Dominio") escrita por un grupo de estrategas neoconservadores dirigido por Perle para el gobierno de Netanyahu en Israel. La propuesta se puede ver en www.israelieconomy.org/strat1.htm.

106. Robert Higgs, ed., *Arms, Politics and the Economy* (*Armas, Política y la Economía*), Nueva York: Holmes y Meier, 1980, Prefacio, p. xiii.

107. El tratado de misiles antibalísticos "ABM" de 1972 declaró ilegales los sistemas defensivos de misiles. Vea Joshua Cohen, "An Interview with Ted Postol: What's Wrong with Missile Defense" ("Una Entrevista con Ted Postol: Qué Hay de Malo en la Defensa Basada en Misiles"), *Boston Review*, oct./nov. 2001; David Sanger, "Washington's New Freedom and New Worries in the Post-ABM-Treaty Era"

("Nueva Libertad y Nuevas Preocupaciones de Washington en la Era Posterior al Tratado Contra Misiles Antibalísticos"), *New York Times*, dic. 15, 2001.

108. Paul Richter, "Plan for new nukes clears major hurdle" ("Plan para nuevas armas nucleares vence gran obstáculo"), *Los Angeles Times*, may. 10, 2003. Para información actualizada acerca de la política de EEUU sobre armas nucleares vea el sitio de internet de la organización Physicians for Social Responsibility (Médicos a favor de la Responsabilidad Social) : www.psr.org.

109. R. Jeffrey Smith, "U.S. Urged to Cut 50% of A-Arms: Soviet Breakup Is Said to Allow Radical Shift in Strategic Targeting" ("Le Piden a EEUU que Reduzca Armas Atómicas en un 50%: Se Dice que La Caída de La Unión Soviética Permitió Cambio Radical en Blancos Estratégicos"), *Washington Post*, ene. 6, 1991. También vea Michael Gordon, "U.S. Nuclear Plan Sees New Weapons and New Targets" ("Plan Nuclear Estadounidense Favorece Nuevas Armas y Nuevos Blancos"), *New York Times*, mar. 10, 2002.

110. Judith Miller, "U.S. Seeks Changes in Germ War Pact" ("EEUU Busca Cambios en el Tratado de Guerra Biológica"), *New York Times*, nov. 1, 2001; William Broad y Judith Miller, "U.S. Recently Produced Anthrax in a Highly Lethal Powder Form" ("EEUU Recientemente Produjo Antrax en Forma de Polvo Altamente Letal"), *New York Times*, dic. 13, 2001.

111. William Broad y Judith Miller, *Germs: Biological Weapons and America's Secret War* (*Gérmenes: Armas Biológicas y la Guerra Secreta Estadounidense*), Nueva York: Simon & Schuster, 2001; Blum.

112. Los datos son de los siguientes años: EEUU, 2004; Japón, 2002; Rusia y China, 2001. Para información actualizada acerca de gastos militares en EEUU y en el resto del mundo, vea el sitio de internet del Centro para Información de Defensa: http://www.cdi.org.

113. Center for Defense Information, *2001-2002 Military Almanac* (Centro para Información de Defensa Militar, Almanaque Militar 2001-2002), p. 35 (vea www.cdi.org). Para los años fiscales 2003 y 2004, el Congreso designó $166 mil millones especialmente para cubrir los costos de la invasión y ocupación de Irak (David Firestone, "Bush Likely to Get Spending Request, Lawmakers Agree" ["Bush Probablemente Recibirá Fondos Solicitados, Acuerdan Legisladores"]), *New York Times*, sept. 9, 2003.

114. Centro para Información de Defensa, www.cdi.org/ issues/ milspend.html.

115. Michael Renner, *National Security: The Economic and Environmental Dimensions* (*Seguridad Nacional: Las Dimensiones Económicas y Ambientales*), Washington D.C.: World Watch Institute (Instituto de Perspectiva Mundial), 1989, p. 23.

116. El análisis anual de La Liga de Resistencia a la Guerra (War Resisters League) sobre gastos militares totales de EEUU se puede hallar en: www.warresisters.org/piechart.htm.

117. La Liga de Resistencia a la Guerra estima que aproximadamente el 46% de los ingresos por impuestos federales son utilizados para gastos militares (ibid.). El total de los ingresos provenientes de impuestos federales individuales del año 2000 ($1,004,500,000,000) multiplicado por 46% y dividido entre 104,705,000 hogares = $4,417 (www.census.gov/ prod/2002pubs/ 01statab/ fedgov.pdf, pp. 21 y 305).

118. Timothy Saasta, y otros, *America's Third Deficit: Too Little Investment in People and Infrastructure* (*El Tercer Déficit de EEUU: Poca Inversión en Gente y en Infraestructura*), Washington D.C.: Center for Community Change, 1991.

119. Jobs With Peace Campaign (Campaña de Empleos a favor de la Paz), "Fact Sheet" ("Hoja de Hechos") No. 3 (Boston, 1990).

120. Saasta; Instituto para Estudios Políticos, *Harvest of Shame: Ten Years of Conservative Misrule* (*Cosecha de Vergüenza: Diez Años de Mal Gobierno Conservador*), Washington D.C.: Institute for Policy Studies (Instituto para Estudios Politicos), 1991, p. 11; Jane Midgley, *The Women's Budget, 3rd Edition* (*El Presupuesto de la Mujer, 3a Edición*), Filadelfia: Women's International League for Peace and